东莞理工学院学术著作出版基金资助

广东省普通高校人文社科重点研究基地

珠三角产业生态研究中心成果

家长式领导对员工建言
与创造力影响研究

THE INFLUENCE OF
PATERNALISTIC LEADERSHIP ON EMPLOYEES' VOICE
BEHAVIOR AND CREATIVITY

王晓春　著

社会科学文献出版社
SOCIAL SCIENCES ACADEMIC PRESS (CHINA)

摘　　要

　　员工建言和创造力作为组织变革和创新不可忽略之源泉，在当今组织中日益发挥着举足轻重的作用。因此，如何激励员工积极建言，最大限度地发挥员工创造力，是组织管理的重大问题。

　　研究表明，根源于华人文化的家长式领导普行于华人企业中。本研究追踪家长式领导的文化根源、组成成分及其对下属态度和行为的影响，以及员工建言和员工创造力研究的渊源及发展。在此基础上，本研究从主位立场出发，采用实证研究方法，探讨家长式领导对员工建言和创造力的影响，以及这种影响的作用机制。运用来自中国大陆企业的调查数据，本书分别检验了家长式领导的三个组成成分，即仁慈领导、德行领导和威权领导，对员工建言和员工创造力的影响，并考察了员工的创造力自我效能感对该影响的中介作用。研究发现，仁慈领导对员工建言和员工创造力均有显著直接的积极影响，员工的创造力自我效能感在仁慈领导与员工创造力的关系中起到部分中介作用。本研究并未发现家长式领导的另外两个组成成分——德行领导和威权领导，对员工建言和员工创造力存在显著影响。

　　本研究率先将华人文化背景下所形成的本土家长式领导引入对员工建言和员工创造力的研究中，并且将中国企业作为实证证据的来源，为家长式领导、员工建言和员工创造力的研究增添了新的理论视角，丰富了不同于西方文化背景的研究证据。本书将员工的创造力自我效能感作为家长式领导与员工建言和员工创造力之间关系的中介变量，充实和发展了家长式领导对员工建言和员工创造力影响的中介机制研究，为提高西方建言和创造力研究在中国的普适性以及增强中国本土家长式领导研究的时效性都提供了新的见解。

Abstract

As non – negligible sources for organizational change and innovation, employee voice and creativity increasingly play a critical role in today's organizations. As a result, how to motivate employees to actively involve in voice and maximize their creativity is an important issue for managers.

Research has indicated that paternalistic leadership is an indigenous Chinese leadership style embedded in traditional Chinese culture. This research has chosen to trace the cultural origin and the components of paternalistic leadership and its impact on subordinates' attitudes and behaviors, explore the origin and development of employee voice and creativity research. Based on that, by adopting emic perspective and empirical research methods, this research attempts to explore the impact of indigenous paternalistic leadership on employee voice and creativity, and the mechanism of the relationships. Data were collected from organizations in mainland China.

Findings from this research indicate that benevolent leadership has significant positive impact on both employee voice and creativity, and benevolent leadership also has indirect impact on employee creativity through the mediator employee creative self – efficacy. As to the other two components of paternalistic leadership—moral leadership and authoritative leadership, this research has not found their impact employee voice or creativity.

This research is the first to empirically examine the relationship between indigenous Chinese paternalistic leadership and two promotive and change – oriented employee behaviors, i. e. voice and creativity. Therefore, this research has added new theoretical perspective for research on paternalistic leadership, employee voice and employee creativity, and enriched Chinese data which is different from that in the West settings. Furthermore, this research found that employee's creative self – efficacy mediates the relationship between benevolent leadership and employee creativity, which has enriched and developed the research on the mediating mechanism between paternalistic leadership and creativity. Lastly, this research provides new evidence for the generalization of Western voice and creativity research and the updating of paternalistic leadership research.

序　言

　　员工建言和创造力是组织变革和创新之重要源泉。作为影响员工建言和员工创造力的关键情景因素，对领导方式的研究已受到组织行为学研究者的极大关注。值得注意的是，这些研究绝大多数是在西方背景中进行的。对于领导方式究竟是一种放之四海而皆准的规范，还是一种镶嵌在特定文化中的特定行为，目前组织行为学者们并未达成共识。

　　王晓春的专著《家长式领导对员工建言与创造力影响研究》，从主位的立场出发，探讨了根植于中国传统文化并被证明普行于当代中国企业中的本土领导方式——家长式领导，对员工建言和员工创造力的影响。这一研究无论是在理论上还是实践上都有着重要的意义。从理论方面讲，本书为探讨中国文化背景下的本土领导方式对员工建言和员工创造力的影响，提供了新的研究视角和见解；在实践方面，发挥传统文化背景中特有领导方式的优势，以最大限度地吸收和利用员工的智慧，对提升当前中国企业领导者的领导力，推进管理上层次和管理出效益等实践活动都有着重

1

要的意义。

本研究采用了规范的实证研究方法。首先根据大量文献，构建家长式领导对员工建言和员工创造力影响的理论模型。将华人背景中的家长式领导三大组成成分——仁慈领导、德行领导和威权领导都包含其中，分别探讨它们与员工建言和员工创造力的关系，并力图揭示创造力自我效能感在仁慈领导与员工建言和员工创造力的关系中所发挥的中介作用。

本研究的贡献主要体现在以下三个方面。首先，率先将华人文化背景下所形成的本土家长式领导引入对员工建言和员工创造力的研究中。并且，将中国企业作为实证证据的来源，为家长式领导、员工建言和员工创造力的研究增添了新的视角，丰富了不同于西方文化背景的研究证据。其次，将员工的创造力自我效能感作为家长式领导与员工建言和员工创造力之间关系的中介变量，充实和发展了家长式领导对员工建言和员工创造力影响的中介机制研究。再者，这项研究为提高西方建言和创造力研究在中国的普适性，以及增强中国本土家长式领导研究的时效性等都提供了新的见解。

未来的研究仍可以从概念优化和测量、理论修正、研究方法三个方面进一步探索。在概念方面，家长式领导的三个组成成分之间存在负相关关系，这对家长式领导概念的发展造成了阻碍。如何进一步厘清个中关系，需要进一步深入思考。员工建言和员工创造力量表也有待进一步完善，可以从建言和创造力的过程和结果两个方面进行优化。在理论模型方面，对于家长式领导对员工建言和创造力的影响，是否存在其他中介和调节机制，也是未来研究的一个方向。在研究方法上，未来研究可以采用纵向研究、实验研究、案例研究、工作日志研究等不同方法，以丰富家长式领导对员工建言和员工创造力的关系研究。

曾湘泉

2018 年 5 月 29 日于中国人民大学

目　　录

第一章

导　论

第一节　研究背景

在竞争日益加剧、不确定性日益增加的动态环境中，组织为了生存和繁荣必须最大限度地利用员工的智慧以促进组织变革和创新。员工的创造力因此成为组织创新和变革的重要输入成分。与此类似，员工建言由于是员工针对工作中的问题表达其具有挑战性和建设性的意见和改进建议（Van Dyne，Ang & Botero，2003），因而可以帮助管理者及早发觉问题和寻找问题解决之道，探测各种机会并适时加以利用，从而有利于组织创新及有准备地应对各种难以预料的情形（Weick & Sutcliffe，2001）。

Porter（1990）提出"国家的繁荣是靠创造，而不是靠继承"。当今，在全球范围内，无论是国家、地区，还是组织，都面临快速的技术变革、缩短的产品生命周期以及全球化所引致的动态环境。在各种竞争格局日益充满不确定性的情况下，传统的比较优势，包括丰富的自然资源和劳动力资源，已随着全球化的深入减弱了其为组织创造竞争优势和提升核心竞争力的能力。呈现在我们面前的一幕又一幕的现实告诉我们，企业要想基业长青在今天是多么不容易。已经经营一个半世纪多的美国第四大投资银行雷曼兄弟公司的破产①；已过百岁华诞的通用汽车公司②的重组；成立于二战前夕，以"精益生产""持续改进"为特征并以质量取胜的丰田汽车公司在全球范围大规模召回汽车。这些令我们目不暇接的大事件都表明一个组织要长久保持竞争优势，面临着前所未有的挑战。

在我国，原材料和能源的短缺、劳动力成本的上升和供应量的减少，也使得改革开放40年来一直拥有的低成本、劳动密集型的产业正在受到日益严峻的挑战。

所有这一切，似乎在用铁一般的事实告诉我们，在这个处处充满不确定的世界里，唯一不变的就是"变化"。这对企业来说无疑意味着巨大的挑战。在这些不得不面对的挑战面前，任何希望求生存、求发展、求领先的组织，都不得不思考如何去面对这些看似有些突如其来的问题。对此，有些企业也许可以从容应对；但对更多企业来说，也许情况并非如此。改革开放40年来，在土地、原材料、劳动力以及各级政府的相关政策等方面的比较优势，使得我们的企业即使采用粗放式的管理模式也能在国际竞争中占有优势。可能正是

---

① 雷曼兄弟公司创立于1850年，是一家全球性多元化的投资银行。在其宣布破产前，已在全球范围内建立起了创造新颖产品、探索最新融资方式、提供最优质服务的良好声誉。被《商业周刊》评为"2000年最佳投资银行"，被《国际融资评论》评为"2002年最佳投资银行"。
② 美国通用汽车公司（GM）成立于1908年9月16日，自创建以来，先后联合或兼并了别克、凯迪拉克、雪佛兰、奥兹莫比尔、庞蒂克、克尔维特等公司，拥有铃木（Suzuki）、五十铃（Isuzu）和斯巴鲁（Subaru）的股份。从1972年以来一直是全世界最大的汽车公司。

这些优势的持续，导致我国企业的领导者无暇顾及或者主观上认为无须考虑领导和管理方式的变革。中国特有传统文化的影响，使得"老板说了算"仍是我国企业的普遍现象，"群众看干部"依然是很多员工的普遍心态和行事准则。当然也有"士为知己者死"这样的颇具奉献精神的员工。无论哪种现象都说明企业领导对员工态度和行为的影响之大是不容忽略的事实。

在这样一个"变"是唯一不变的事情的环境中，企业要良性发展，必须使自身更加具有创造力和创新性（Jung 等，2003）。如前所述，组织变革和创新的重要来源是员工的智慧。如何发挥员工的聪明才智，激发员工创造性地思考，并将自身对组织变革有潜在价值的想法表达出来，是各级企业管理者需要思考的重大议题。然而，员工不愿或不敢说出自己意识到的工作中的问题及其解决办法，这种情况在许多组织中并不少见。当今许多组织中依然演绎着"皇帝的新装"之类的故事。研究也表明在组织中员工说出自身所觉察到的问题，并不是自然而然的事。相反，"沉默效应"让很多员工对觉察到的问题选择闭口不谈（Milliken，Morrison & Hewlin，2003）。

员工建言在今天的商业氛围中可能尤其重要（LePine & Van Dyne，1998，2001；Van Dyne & LePine，1998）。更具体地说，现今工作环境的动态特性使得组织必须快速适应和快速变革以求生存，由此，对组织现状提出挑战和寻求建设性变革的建言行为应该有助于这种组织所需的变革和组织适应。那么，管理者有可能将员工的建言行为视为其工作绩效的重要组成部分。员工就如何提升组织的有效性或效率向管理者积极建言并提供有价值的建议，有可能有助于管理者取得更大成功，于是管理者可能给予员工更高的绩效评价以酬谢其贡献。员工就提升组织的运营水平积极建言，可能被管理者视为对组织成功的高度承诺，而高度的组织承诺已经被证明会影响管理者对员工的绩效评价（Allen & Rush，1998）。Van Dyne & LePine（1998）和 Whiting、Podsakoff & Pierce（2008）都发现员工建言与对员工的绩效评价之间存在正相关关系。

从理论角度来看，员工建言和员工创造力都被认为是组织变革的潜在动力和原材料。数位学者都认为如果组织希望获得竞争优势，那么提高员工的创造性绩效是必要的步骤（Amabile，1988；Kanter，1983；Shalley，1995）。与此类似，员工建言将员工对工作的不满意转变为积极的变革愿望，有利于组织改正现存的问题并提高组织的运营水平（Hirschman，1970）。员工建言行为的表现虽各不相同，但所有这些行为的目标都是使事情得到改善（Hirschman，1970；Kay，1989；Withey & Cooper，1989）。先前的研究已经暗示员工创造力可能是员工建言行为的一种重要表现形式（Farrell，1983；Hirschman，1970；Kay，1989；VanZelst & Kerr，1953；Withey & Cooper，1989），是对工作不满意的一种积极主动而又具有建设性的反应。

领导被认为是员工建言和员工创造力的重要环境预测变量。已被纳入员工建言研究中的领导类型包括：①开放型领导（Ashford等，1998）；②变革型领导（Detert & Burris，2007）；③领导 – 成员交换（LMX），（Burris，Detert & Chiaburu，2008）；④苛责式督导（Ryan & Oestreich，1998）。变革型领导已成为许多研究者感兴趣的主题。虽然有研究表明变革型领导可以提高下属的绩效期望（Bass，1995），从而对下属和组织绩效产生影响（Dvir等，2002；Howell & Avolio，1993；Lowe等，1996）。但是，专门就领导类型对员工创造

力的影响所做的研究很少。为数不多的研究（Jung，2001；Kahai
等，2003；Jaussi & Dionne，2003）中大部分采用的是实验研究，研
究发现也不一致，甚至相互冲突（Gumusluoglu & Ilsev，2009）。也
就是说，关于领导与员工创造力的关系，还没有令人信服的一致性
研究结论。

已有的有关领导与员工建言和员工创造力关系的研究几乎都没
有将社会文化这种与领导的有效性相关的因素纳入考虑范围。这些研
究大多是在西方文化背景下，基于西方企业样本数据展开的。这些领
导方式在文化背景和发展历程截然不同的中国是否同样有效，值得关
注。而与中华传统文化一脉相承的家长式领导被一些学者认为普遍存
在于当今的华人企业组织中。自 20 世纪 70 年代以来华人企业中的家
长式领导一直受到学界的关注（Silin，1976；Redding，1990；郑伯
壎，1995a，1995c；Westwood，1997；Farh & Cheng，2000；Farh 等，
2008；Pellegrini & Scandura，2008）。它被证明会对一些员工的态度和
行为产生影响。尽管如此，令人吃惊的是，这种具有华人文化色彩的
独特领导行为与中国文化背景下的企业组织的员工建言和员工创造力
的关系如何，还未引起学界的关注。虽然 Wang & Cheng（2010）是个
例外，两位学者对仁慈领导与员工创造力的关系进行了研究，但仅仅
一项研究远远不足以让我们深刻地理解它们的关系。

第二节 研究问题

家长式领导是在一种人治的氛围下，所显现出来的具有严明纪律
与权威、父亲般的仁慈及道德廉洁性的领导方式，它包括三个重要的

组成成分，即威权（authoritarianism）领导、仁慈（benevolence）领导和德行（moral）领导（樊景立、郑伯壎，2000）。研究发现家长式领导与众多员工方面的结果变量，如 LMX、工作满意度、感激心以及目标设定等，存在正相关关系（Uhl-Bien 等，1990）。从家长式领导三个组成成分角度展开的研究发现，威权领导与下属的一些行为呈负相关关系，如团队成员对团队领导的承诺和满意度（Cheng, Huang & Chou, 2002），领导忠诚、领导信任以及组织公民行为（Cheng, Shieh & Chou, 2002）。相反，仁慈和德行领导之间则呈正相关关系，同时也与下属的领导认同、领导服从、领导感激呈正相关关系（Cheng 等，2004）。

目前，还未有研究探讨家长式领导与员工建言的关系。员工建言是指员工表达有关组织变革的建设性看法、信息和意见（Van Dyne, Ang & Botero, 2003；Van Dyne & LePine, 1998）。员工建言是员工可以自由裁量地向组织中有行动权的人提供其认为可以改善组织运营的信息，即使这种信息可能对组织的现状以及当权者构成挑战，甚至让其感到心烦（Detert & Burris, 2007）。这种具有挑战促进性的员工行为对组织的变革有潜在益处，但又并不总是受到组织和相关主管的欢迎。

在组织环境中，创造力是指新颖而又有用的主意的产生或产出（Amabile, 1988, 1996；Oldham & Cummings, 1996；Scott & Bruce, 1994）。领导作为重要的工作环境因素（Oldham & Cummings, 1996；Scott & Bruce, 1994），对激发员工的创造力发挥着重要的作用。可是，家长式领导在当今中国企业中如何影响员工的创造力，却还未受到研究者的青睐。

本研究力图考察家长式领导与对组织变革有潜在益处的员工建言和员工创造力的关系。具体来说，本研究将探讨在中国企业中，家长式领导的三个组成成分（仁慈领导、德行领导和威权领导）是否对员工建言和员工创造力有影响，有怎样的影响，发挥影响的机制是什么，以及家长式领导的三个组成成分对员工建言和员工创造力的影响机制有何异同。

第三节　研究意义

组织是镶嵌在一定社会文化中的单位，文化对组织行为所产生的影响导致在一种文化中的有效管理方式若移植到不同的文化背景下，则可能出现"橘逾淮则为枳"的结果。于是，管理学的研究中出现了主位（emic）和客位（etic）两种研究视角。关于领导理论的研究同样如此。目前，有关领导与员工建言和员工创造力关系的研究大多采用西方的研究框架，用西方文化背景中发展出来的领导理论来验证其对员工建言和员工创造力的影响。

文化取向在领导对下属效果的研究中已受到关注。Hofstede（1980b）认为，许多个人激励和领导风格的差异可以追溯到文化上。由此，有研究对以美国为中心的领导理论应用于其他文化背景中的适合性提出了挑战（Erez，1994）。那么，领导者是否应在不同的文化环境中采用不同的领导方式呢？已有的证据表明不同文化背景的群体希望被不同的方式所领导（Hofstede，1993；Triandis，1993）。虽然已有数个理论模型可以解释文化差异对有效领导方式的影响（Dorfman，1996；Triandis，1993），但实际探索文化取向差异对领导－下属互动有效性的研究只有少数。实证研究发现不同的领导类型对集体主义者和个人主义者的下属会产生不同的影响（Jung & Avolio，1999）。

在华人文化背景下，到底是否有不同于西方的独特领导模式呢？郑伯壎等（2000）在这方面所做的研究表明，华人企业组织中确实存在独特的领导行为，他们将这种领导称为"家长式领导"。这种以 20 世纪 80 年代的台湾华人企业为研究对象而发展出来的家长式领导概念，在如今大陆的企业组织中是否还普遍存在？它们如何影响员工在工作场所的创造力和建言行为还不得而知。

如前所述，我国经济已经走过 40 年高速增长的历程，传统比较优势的削弱，使得产业的升级转型成为整个国家尤其是企业不得不考虑的重大问题。随之而来的是企业在管理方式上的变革和创新。因此，研究我国企业中普遍存在的家长式领导方式究竟如何影响员工建言和员工创造力这两大组织创新和变革的源泉，显得十分有意义。现有研究对此领域的关注尚很缺乏。本研究希望能在此领域做些尝试以抛砖引玉，引出更多家长式领导与员工建言和员工创造力关系的研究。

第二章

文献综述和研究假设

第一节　员工建言

一　员工建言的含义及特性

在组织情景中有关员工建言的研究可以追溯到 Hirschman（1970）的开创性研究。Hirschman 率先将员工建言这一概念引入组织行为的研究中，在 E – V – L 模型中①，Hirschman 将员工在工作中感到不满意的反应分为三类，即退出、建言以及忠诚。员工建言是其中一种行为反应。从概念上看，员工建言的概念起源于这样一种想法，即员工在工作中发现一些令人不满意的问题或改善自身工作以及（或）组织健康的机会（Hirschman，1970）。而当时如果讲出来，可能会冒一定风险，因为它可能涉及指出某项计划或政策不合理，需要做出某种改变，而这项计划或政策的设计者或制定者正好

_____

① E – V – L 是 Exit – Voice – Loyalty 的简称，即退出—建言—忠诚。

是需要接受这类建言的主体，因为只有他才能就此采取行动，以达到改变的目的。可是，这个主体对目前的状况很满意，并不想做出改变。不仅如此，在某些管理者眼里，员工建言是一种反角色的行为（Staw & Boettger，1990）。所有这些都会对员工建言行为的动机产生影响。员工选择讲出来的初始动机可能是其意识到讲出来的好处超过潜在的成本。员工能够意识到的说出来的潜在益处包括自己的建议被接受，被实施，让问题得到解决，同时自身可能获得正式或非正式的奖励。正式的奖励如金钱或晋升等，非正式的奖励如得到认可或地位提升。相反，讲出来也可能带来成本。潜在的成本包括"存在型损失"，如被降职或解聘；还有"关系型损失"，如丢脸蒙羞，或丧失立足之地。简言之，在员工眼里，讲出来的决定源于一种承载情感期望似的盘算（Ashford, Rothbard, Piderit & Dutton, 1998；Milliken 等，2003；Withey & Cooper，1989）。

Van Dyne & LePine（1998）将员工建言行为界定为"一种促进性的行为，强调表达意在改善的建设性的挑战。建言是提出创新性的各种建议，对现有标准流程进行改进，即使其他人并不同意这种意见"。也就是说，建言行为是指员工表达有关组织变革的建设性看法、信息和意见（Van Dyne, Ang & Botero, 2003；Van Dyne & LePine, 1998），是员工向组织中有行动权的人提供其认为可以改善组织运营的信息，即使这种信息可能对组织的现状以及当权者构成挑战，甚至可能会冒犯或惹怒当权者（Detert & Burris, 2007）。再者，由于这种行为属于员工可以自由裁量的范畴，因此它无法被强制或者被事先纳入工作角色的要求之列（Van Dyne & LePine, 1998）。总结上述观点，员工建言是一种先行主动性的员工行为，是一种特殊的组织公民行为。它会挑战组织的现状，意在表达有利于群体或组织的建议，是一种促进组织变革的行为。

因此，有关组织公民行为的文献将员工建言描述为一种角色外行为，这种行为发生在员工积极主动地表达变革的建设性意见的时候（LePine & Van Dyne，2001）。这种行为的目标可以是向上、向下或横向的，但大多数研究将焦点放在上行的建言行为上（Detert & Burris，2007；Burris，Detert & Chiaburu，2008；Botero & Van Dyne，2009）。

建言行为不同于上行影响，因为它的意图不包含利己的成分。也不同于其他的建设性或破坏性言语行为，包括上行影响、异见、上行异见等（Botero & Van Dyne，2009）。建言还不同于那些以合作和服从为特征的行为，如利他行为和忠诚，这些行为被认为是亲和性的促进行为（affiliative – promotive behaviors），强调人际关系和他人导向。如上所述，建言属于挑战性的促进行为（challenging – promotive behaviors），是变革导向的，可能还会损害到人际关系。

建言是一种特殊的组织公民行为。组织公民行为属于"组织既不能在正式的角色责任中清晰界定，又没有受到合约性担保可以受到奖励"的亲组织（pro – organizational）的行为范畴（Organ，1990）。这种员工的角色外行为之所以被组织和主管看重，是因为动态的环境使组织无法事先预测所有所需的员工行为而将其明确规定在岗位职责之中（Van Dyne & LePine，1998）。员工的组织公民行为被认为对组织的运营极为关键，因为管理者不可能预测到员工为组织贡献的所有机会，不可能对所有的员工行为施以监控，也不可能强制员工为了组织而"额外付出"（Burri，Detert & Chiaburu，2008）。值得指出的是，至今，绝大多数组织公民行为研究都聚焦在

11

亲和性组织公民行为上。这些亲和性的行为范畴包括利他、运动员精神以及公民道德等（Organ, Podsakoff & MacKenzie, 2006）。它们都致力于与组织的政策和惯常规定保持一致并全力支持。利他行为是人际性的、合作性的、非对立性的（McAllister 等, 2007）。虽然亲和性的组织公民行为的重要性在相对稳定的环境中毋庸置疑，但是，这种行为如果对需要变革的现状加以支持，则实际上可能会危害组织的绩效（Morrison & Phelps, 1999）。

由于上述原因，研究者们已经开始将目光投向具有挑战促进性的组织公民行为（Van Dyne 等, 1995），如亲社会（prosocial）的建言（Premeaux & Bedeian, 2003; Van Dyne & LePine, 1998）和负责任（Morrison & Phelps, 1999）。由于这类行为明确地对现状提出挑战而不是维护现状，所以会对组织学习特别有价值（Ashford, 1998; Van Dyne & LePine, 1998）。然而，那些欢迎亲和性行为的管理者可能对挑战性行为做出防御、攻击或者报复等反应，因为这些行为对他们现已拥有的权威或控制权提出了质疑。这些行为的驱动力也应该与亲和性的组织公民行为的驱动力有所不同（Graham & Van Dyne, 2006）。

对主管的建言是一种具有挑战性的组织公民行为，它是一种上行的言语沟通，意在改善而非批评（Premeaux & Bedeian, 2003; Van Dyne & LePine, 1998）。虽然员工可以向同事或下属提出改善的建议，但相较而言，员工针对主管的建言对组织的运营更关键，原因是提出的问题通常只有依靠那些拥有更多控制权或更容易接近各种资源的人才能得到解决（Morrison & Milliken, 2000）。而这种人在组织中恰好就是上级主管。由于这种行为有非常明确的意图，即有利于群体或组织范围内各方面的改善，因此，这种行为对组织的健康发展极为关键。但遗憾的是，很多员工并没有表现出这种行为，也许因为他们觉得说出来的风险高于收益。因此，更好地理解谁会讲出具有潜在价值的想法，以及什么样的组织条件会有利于或阻碍这种行为的发生显得十分重要。

研究者常常倾向于将建言的几个相关概念混用。最为突出的是，建言机会、建言行为和建言效用性（工具性）三个概念常常被混用（Avery & Quinones，2002），使得三者的独立贡献难以区分，从而使建言研究存在概念性混乱，这些概念的效应也难以厘清。建言机会是指员工可向决策者表达自己观点的实际存在的机会，常常通过员工的感知来测量（Avery & Quinones，2002）。与此相对，建言行为是员工对建言机会所做出的一种实际行动反应，是指员工表达意在改善某流程或组织方式的建议（Hirschman，1970；LePine & Van Dyne，1998）。建言效用性或工具性是有关个人建言行为对决策结果的影响（Avery & Quinones，2002）。本研究中所涉及的建言概念指的是员工的建言行为。

二　员工建言的结果

研究表明建言对员工和组织两方面都具有积极的结果（Lind，Kanfer & Earley，1990；Whiting，Podsakoff & Pierce，2008）。自从Thibaut & Walker（1975）具有开创性的专题论文发表后，建言被很多研究证明能够增强员工的公平知觉（perceptions of fairness）（Avery & Quinones，2002；Folger & Cropanzano，1998；Lind，Kanfer & Earley，1990）。随着组织环境、组织制度以及工作岗位性质的变

化，组织对员工的要求已不再是消极、被动地接受上级交给的工作任务和履行岗位职责，而是希望员工具有一定的积极主动性，去主动地识别问题，主动地寻求问题的解决之道。员工建言行为是以改善有利于群体或组织范围内各方面的不足为目的的，故这种行为对组织的健康发展极为关键。尤其在今天这样动态性极强的环境里，就更是如此。管理者无法监测到组织每一个层面的运营是否健康，也无法总是率先把握各种改进的机会，或者想出改进的办法，所以工作在第一线的员工的建言显得尤为重要。

此外，研究还表明建言行为与主管对员工的绩效评价存在显著正相关关系（Whiting, Podsakoff & Pierce, 2008；Van Dyne & LePine, 1998）。Van Dyne & LePine（1998）通过主管、同事以及员工三种不同的来源收集到有关员工的任务绩效、利他行为和建言行为的数据，并将这些与主管对该员工的工作绩效评价进行相关分析，发现员工建言行为整体上与三种不同来源的针对该员工的绩效评价结果呈正相关关系，并且建言和利他行为对经理对下属的绩效评价有独特的解释力。Whiting, Podsakoff & Pierce（2008）通过纵向实验研究也发现建言和绩效评价之间存在正相关关系。

三 员工建言的心理机制及影响因素

员工建言作为一种上行沟通，不仅受员工个人特征、沟通内容和组织情景的影响，还受到主管与下属关系的影响。这些影响是不同条件下员工的不同心理机制共同作用的结果。

Burris, Detert & Chiaburu（2008）指出，有关改善导向的建言研究总体上沿着两条路径发展。其一，研究者将重点放在对

Hirschman（1970）的框架做进一步厘清和验证上。Hirschman 的框架描述的是顾客或雇员因对某公司的产品或流程不满而产生的行为反应，包括离去（退出）、忠诚和建言三种反应，即所谓的 E－L－V 模型，外加由 Farrell（1983）提出的忽略行为（neglect）等。研究者们探索了整体工作满意度以及引起这些不满意的其他因素（Rusbult，Farrell，Rogers & Mainous，1988；Withey & Cooper，1989）。其二，研究者仅仅关注建言选择，寻求影响工作中员工建言的个人和情景因素（LePine & Van Dyne，1998，2001；Premeaux & Bedeian，2003）。尽管 Hirschman 推断忠诚或者对组织的依附感，将会是影响建言和退出的关键心理因素，但绝大多数建言领域的专门研究还是将员工意识到的成本（安全）和效能（用处）视为关键的心理基础（Ashford，Rothbard，Piderit & Dutton，1998；Detert & Burris，2007；Milliken，Morrison & Hewlin，2003）。

（一）员工建言的心理机制

已有文献涉及有关员工建言的心理机制研究，包括心理安全、心理依附、心理脱离、建言效用性、建言无用性以及角色感知等。

与员工预计的建言的成本相一致，心理安全（员工相信做出像建言这样的冒险行为不会使个人受到伤害）被许多研究者认为是影响建言的关键情感承载认知因素（Ashford 等，1998；Edmondson，1999）。简言之，担心建言会招来个人损失（如晋升受限、失去主管和同事的支持）的员工很可能选择防御性沉默（Van Dyne 等，2003）。因为建言常常会包含或明或暗的对现状的批评，还因为上行性建言所针对的目标对象掌握着奖惩权，故领导行为就成为员工用

15

来掂量表达一些未被领导要求讲的意见是否有个人危险的重要线索（Milliken 等，2003）。毕竟，绝大多数员工都没有足够的勇气去挑战那些不乐意接受下属意见的领导（Hornstein，1986）。当管理者例行性地在员工面前表达对员工意见的兴趣，认真倾听员工意见，并就此采取行动时，他们实际上是向员工传递了一种信息——诚实的沟通不会引致个人风险（Bass & Riggio，2006；Edmondson，2003）。这样的经历应该会提升员工的心理安全水平。因此心理安全应该在领导所提供的外界刺激和员工的建言决定之间起到中介作用。Detert & Burris（2007）的研究为此推断提供了实证支持。他们发现心理安全在开放式管理与员工建言行为之间发挥了中介作用。也就是说，领导在下属对建言所进行的风险评估中起着重要作用。

Burris，Detert & Chiaburu（2003）重回 Hirschman（1970）的忠诚与退出概念，指出 Hirschman 的忠诚概念反映的是员工对组织的心理依附，也就是一种情感承载的态度，并推测这种态度应该强化员工建言的倾向，而不是如许多学者（Rusbult 等，1988；Withey & Cooper，1989）所提出的那样会强化被动性行为（如保持默默的支持）。他们还扩展了 Hirschman 的有关退出是员工针对工作不满意做出的终极行为的理论，因为他们注意到员工通常在实际退出组织之前，先从心理上脱离组织。于是推测，心理脱离是预测员工建言的另外一种态度因素（而不是在 E-L-V 框架中做自由裁量的选择）。

像利他行为一样，员工建言可以被视为一种组织公民行为（Van Dyne & LePine，1998）。对于员工为何会实施各种组织公民行为，Organ（1988）从社会交换理论（Blau，1964）和互惠准则（Gouldner，1960）两方面给予了解释。简言之，当员工相信自己受到良好对待时，他们就应该感到有必要对此做出回报，从而会超越职责的要求而为组织做出贡献。什么因素会让员工对是否受到良好对待做出判断呢？一个重要的因素就是员工与其上司（主管）的关系。管理界将这种描述主管与员工关系质量的理论称为领导 - 成员交换理论（LMX）（Dansereau，Graen & Haga，1975；Liden 等，1997）。LMX 背后的假设前提是领导对其所带领团队中的不同成员会给予区别对待（Dansereau，Graen & Haga，1975），而非用同一种领导方式对待所有的下属。

有研究表明与主管关系的好坏对员工的建言行为有预测作用（Van Dyn，Kamdar & Joireman，2008）。例如，Detert & Burris（2007）和 Ashford，Rothbard，Piderit & Dutton（1998）的研究都表明，管理层对新想法的接受度（receptiveness）对员工的建言和想法兜售行为（issue selling）都有预测作用；而 Edmondson（1999）和 Detert & Burris（2007）则证实心理安全与员工建言之间存在正相关关系。由此，Van Dyne，Kamdar & Joireman（2008）推测，喜欢、忠诚和尊重等特征可能会营造一种氛围，使得员工乐意开口表达其对变革的想法。他们同样用实证证据证实了这一推测。

员工的角色感知是建言行为的另一可能的预测因素。角色的正式定义是期望某一特定职位所应从事的一整套活动（Van Dyne，Kamdar & Joireman，2008）。Katz & Kahn（1966）认为角色是建造各种社会系统的组件。然而，在有关一份具体工作的职责内容上，员工和管理者常常意见各异，因为不同人在不同情形下对同一对象可能会产生不同的知觉。比如，角色创设（role making）（Graen，1976）和工作构建（job crafting）（Wrzesniewski & Dutton，2001）描述的就是员工采取行动去改变自己的角色以适应个人的优势和偏好。社会信息处理理论（Salancik & Pfeffer，1978）认为个人常常在角色感知上存在差异，因为他们各自依据的社会线索不同。心理契约理论认为员工角色并非一成不变，员工依据来自组织正式和非正式的各种结构所提供的环境线索来建立他们的角色（Robinson & Morrison，1995）。

由此看来，角色知觉对于理解角色的意义显得十分重要。Morrison（1994）指出，在角色知觉上的差异十分重要，因为这种差异有助于我们理解员工实施某种组织公民行为，究竟是因为他希望为组织的利益而付出额外努力，还是因为他认为这是他分内工作的一部分。知觉差异的重要性还体现在它们对员工行为的预测作用上（Hofmann，Morgeson & Gerras，2003；Kamdar 等，2006；Lam，Hui & Law，1999；Tepper 等，2001；Tepper & Taylor，2003）。当某种行为被员工视为其角色内的行为时，这种行为发生的频率要高于当员工视其为角色外行为时（Coyle-Shapiro & Kessler，2002；Coyle-Shapiro，Kessler & Purcell，2004；Morrison，1994；Zellars 等，2002）。因为员工通常会通过顺应角色来获得奖励和避免受到制裁。迄今为止，虽然绝大多数研究关注的都是角色知觉和亲和性的组织公民行为，但有一项研究（McAllister 等，2007）表明角色知觉对利他行为（亲和性的组织公民行为）和负责行为（变革导向的组织公民行为）都有预测作用。Van Dyne，Kamdar & Joireman（2008）的类似研究也发现，员工对建言行为的角色内感知可以强化高质量的领导－成员关系与员工建言行为之间的正相关关系。但是值得指出的是，这两项研究在对角色知觉这一变量的操作上略有差异。Van Dyne，Kamdar

& Joireman（2008）对角色知觉的测评是通过询问员工在多大程度上认为利他建言各题项属于工作的一部分，在多大程度上相信这些行为会受到奖励。与此相对，McAllister 等（2007）将角色知觉分为四类：角色广度（一项既定行为被看作工作一部分的程度）、工具性（一项既定行为被认为与奖惩有关系的程度）、效能感（员工相信自己有能力实施既定行为的程度）以及自决性（员工可以自由决定是否实施某既定行为的程度）。这种细微的差别值得我们在看待两项研究结果时注意。

（二）员工建言的个体影响因素

有关员工建言方面最为系统的研究可能是个性与人口统计特征等员工个体因素与员工建言的关系（Crant，2003；LePine & Van Dyne，2001）。其推理是有些人就是比其他人更有可能超出自己的角色范畴而"去管闲事"，说出自己的想法。

有关性别差异的文献指出，男性比女性在群体中倾向于更多参与（Johnson & Schulman，1989），尤其是在与工作任务有关的事宜上更是如此（Piliavin & Martin，1978）。文献还指出男性更倾向于主动沟通，主动提供意见，而女性则更倾向于被动反应，尽量与人保持一致（Strodtbeck & Mann，1956）。受教育程度和岗位地位也与建言有关。员工所受教育越多，他们的知识面可能更广，这些知识可以转化为识别问题、发现机会和提供更多解决方案的能力。教育也可以提高个人对自己所掌握的知识和技能以及提出改善建议的信心（Farr & Ford，1990）。所以，那些拥有更多知识和信心的人可能更容易采取建言行为。职位高可能提供一种权力意识和责任意识，促使他们表达自己的建议。这与职位低的员工不同，他们接触信息的机会少，工作中的行为自由度低，因而对工作群体的结果的责任感较弱（LePine & Van Dyne，1998）。对与揭发有关的行为的研究还暗示着人口统计特征可能是预测建言的重要变量。揭发者倾向于为年长、男性、任期较长、受教育更多、身居管理岗位或从事专业性工作的员工（Near & Miceli，1996）。综上所述，人口统计特征与员工建言行为之间的关系已有现存的实证证据（LePine & Van Dyne，1998）。Nikolaou，Vokola & Bourantas（2008）在希腊的样本中发现，大五人格中的神经质和责任感分别与员工的建言行为呈负相关和正相关关系。

在建言的个体性影响因素方面，主动性人格是另一重要变量。主动性人格（proactive personality）是指个体采取主动行为影响周围环境的一种稳定的行为倾向（Bateman & Crant，1993）。不同员工常常会表现出不同程度的积极主动性。导致这种区别的重要原因之一是不同员工拥有不同的主动性人格。Crant（2004）认为主动行为是指"个人积极主动地改善现有环境或创造新环境，主动对现状提出挑战而不是被动地适应现有条件"。Crant 同时指出，主动行为与其他任何行为一样，会受到个体差异和情景因素的影响。尽管外向型的员工更有可能感到在工作场所表达自己的意见是安全的，但对于他们到底为何系统性地、或多或少地脱离组织则并不清楚。我国学者刘密、龙立荣和祖伟（2007）在对主动性人格的研究进行回顾时指出，主动性人格与许多行为结果都存在密切联系，包括工作绩效、职业生涯成功、领导能力、团队绩效、创业等。

理论推导和实证证据都暗示员工的权力距离导向可能与员工建

言有关系（Hofstede，1980；Farh 等，2007；Dorfman & Howell，1988）。权力距离导向（power distance orientation）是个人有关上级在多大程度上享有地位和特权，个人在多大程度上应该支持和接受上级的观点等方面的观念（Hofstede，1980）。权力距离导向是一种相对稳定的适用于不同情景的个人观念。权力距离导向与员工建言有特殊的关系，因为对权力和地位差异的期望和可接受程度的观念（Hofstede，1980）会影响到个人对什么是合适的主管与下属行为的认知。因此，权力距离导向可能会影响员工向主管提出变革建议的意愿。在工作场景中，权力距离导向强的员工相信主管应该对下属拥有较大的权力；而权力距离导向弱的员工则认为人与人应该相对平等，员工有权表达自身的看法和意见（Hofstede，1980）。由此，权力距离导向与员工建言可能会有负相关关系。权力距离导向强的员工乐意接受自己与主管之间的地位差异，接受主管的权威，不愿质疑或挑战权威，他们认同主管并服从主管的期望。所以他们不大可能表达变革的建议，因为这样做违背了他们的文化价值观，可能被他们自己看作挑战主管的地位（Porter 等，1980）。相反，那些权力距离导向弱的员工倾向于不看重地位的差异，应该会更加自在地表达自己的意见。他们更有可能对变革表达建设性的看法，因为他们认为好主意可能来自组织的各个层级，不大可能感受到来自主管的正式权威的威胁。

虽然 Hofstede（1980）对权力距离以及其他文化价值观的概念是针对社会层面的，但近来的研究已经将重点置于同一社会文化中的不同个体的价值观取向上了（Lee, Pillutla & Law, 2000；Maznevski, Distefano, Gomez, Nooderhaven & Wu, 2002）。这种个体的关注十分重要，因为在同一文化中不同个人对其所属文化的主流价值观的认同程度并不一致（Farh 等，2007）。比如，Dorfman & Howell（1988）表明文化信念对领导行为与员工满意度、承诺以及工作绩效的关系有调节作用。后来，Farh 及其同事（2007）又表明个人的权力距离导向对知觉到的组织支持和承诺、绩效、组织公民行为（包括利他和建言）有调节作用。具体而言，对于权力距离导向弱的员工，组织支持与四种员工工作方面的结果的正向关系更强；而对于权力距离导向强的员工，这种正相关关系较弱。关于权力距离导向与员工建言的关系，取自不同国家的研究样本的发现并不一致。Botero & Van Dyne（2009）发现，在美国的样本中，员工建言与领导和成员的关系质量正相关，权力距离导向与建言行为呈负相关相关，当领导和成员的关系质量高时，权力距离导向使得建言的差异更大；而同一研究在哥伦比亚的样本中则呈现不同的情形，领导和成员的关系质量与权力距离导向均与建言相关，但不存在交互影响。

员工的个人控制感与员工建言存在非线性的 U 形关系（Tangirala，Ramanujam，2008）。员工建言可能存在一定风险，因为它可能被视为挑战现状（Edmondson，1999；Van Dyne 等，2003）。在组织中，主管通常控制着员工完成工作所需的各种资源，并且负责制定员工必须遵守的各种规则（Porter，Allen & Angle，1980；Waldron，1999）。于是，直接针对主管的建言特别具有风险。层级的差异可能使有关变革的上行沟通特别充满威胁性（Waldron，Hunt & Dsilva，1993），员工担心建言可能引发惩罚和其他不良后果（Ryan & Oestreich，1991）。于是，员工常常会自我克制，以避免告诉主管自己的想法

（Burgoon 等，1982；Morrison & Milliken，2000）。但并非所有的员工都如此。研究表明，个人控制感（工作自主性和工作影响）和员工建言之间存在非线性的 U 形关系，而组织认同对两者的关系起调节作用。当员工个人控制感较弱、组织认同感较强时，员工建言可能性较小；当员工个人控制感较强、组织认同感较强时，员工建言可能性较大（Tangirala & Ramanujam，2008）。

员工情绪的稳定性和责任心两大个人特征与员工针对主管的建言行为积极相关（Nikolaou，Vakola & Bourantas，2008）。

有关各种因素影响员工建言的机制，从理论推导来看，至少有两个关键的中介变量——建言的能力和建言的效能感。因为，在个人建言前，他必须首先具有提出改进建议的能力，以及将自己的想法传递和沟通给他人的信心。所受教育、任期、岗位地位可能提升这类能力和效能感。当然，情景变量也可能影响员工建言的能力和效能感。例如，在支持揭发行为的组织，员工的揭发行为就较多（Near & Miceli，1996）。

综上所述，已有研究表明人口统计特征、主动性人格、权力距离导向、个人控制感、个人情绪稳定性、责任心、能力、效能感等个体因素都与员工建言行为有关系。未来的研究需要致力于理解这些关系的本质及其作用机制。

（三）员工建言的情景影响因素

另一类有关员工建言影响因素研究的关注焦点是可能影响员工建议意愿的组织情景。这类研究的隐含假设是即使最具主动性或者最不满意的员工也可能会"闻风而动"，掂量在这种特定的环境下

23

"说出来"是否安全，是否有所值（Dutton，Ashford，O'Neill，Hayes & Wierba，1997；Edmondson，2003；Milliken 等，2003）。也就是说，员工的建言倾向（voice propensity）与一系列组织因素相关，包括主管的反应和可接近性，以及员工所感知的组织建言机制的存在（Landau，2009）。

领导行为作为重要的环境因素，影响着员工是否发表或提出对组织的改善有潜在好处的评论和建议。领导行为之所以重要，是因为有证据表明员工对组织的广泛意义上的依附感和脱离感是源于对与领导关系的感受以及由领导所培养起来的公平或不公平感（Mathieu & Zajac，1990；Meyer & Allen，1991）。Hirschman（1970）认为，由于领导的短期兴趣是自我防御并提升自己的行动自由，于是领导倾向于压制员工的建言行为。与此相对，被先前的研究（Ashford 等，1998；Detert & Burris，2007）当作重点的其他积极领导行为（如管理开放）与建言的关系显得更为清晰，其中的机制是对建言的信念，如心理安全。Burris，Detert & Chiaburu（2008）率先将对建言的前因研究从狭义延展到了广义。具体来说，先前的研究注重对建言这种具体行为的感受（如安全感或效用），而 Detert & Chiaburu（2008）的研究展示了对组织的更宽泛的感受对建言的影响。他们的研究结果表明，心理脱离（psychological detachment）而非 Hirschman（1970）所推测的心理依附与建言有一致性的关系。与先前的研究主要关注创造员工对建言的安全感知和效用感知的积极领导行为不同，研究表明员工对领导与成员关系和苛责式督导两方面的感知可能影响其对组织的整体态度。

一些定性研究提出，某些领导行为或领导特质会影响员工对"说出来"到底是否安全的个人判断。这些领导行为或特征包括员工所意识到的领导可接近性（approachability）及其对员工所提出的意见的反应（responsiveness）（Milliken 等，2003；Saunders, Sheppard, Knight & Roth，1992）、采取行动（action taking）（Edmondson，2003；Ryan & Oestreich，1998）及可获得性（accessibility）（Edmondson，1999）。从领导类型来看，已被纳入员工建言研究的领导类型包括：①开放型领导（Ashford 等，1998）；②变革型领导（Detert & Burris，2007）；③领导 – 成员交换（Burris, Detert & Chiaburu，2008）；④苛责式督导（Ryan & Oestreich，1998）。

领导行为会影响员工对建言行为的利弊权衡。究其原因，这与下属在层级化的环境中对上级的资源依赖有关（Emerson，1962；Pfeffer & Salancik，1978）。首先，建言牵涉到将自己的想法告诉有权在组织中决定资源分配的人，而这个人可能正好是建言所涉及问题的当事人（French & Raven，1959）。因此，领导从本质上对员工建言非常重要，因为他就是建言的目标。其次，领导拥有奖惩权，这种权力直接关系到员工的薪水、晋升以及工作安排，所以它使领导的所为成为员工行为的重要暗示（Depret & Fiske，1993）。因此，如果领导向员工传递的信号是对员工建言感兴趣并且愿意采纳员工的建议，那么员工说出来的动机就能保持或得到强化；相反，这类领导行为缺失就会导致员工认为建言的潜在风险大过益处，于是就不太可能积极建言。

又由于建言涉及提出不同的做事方式，因此，领导对变革的欣赏应该成为影响员工表达建议意愿的关键情景因素。来自定性研究的描述暗示着这种行为的重要性。比如，Edmondson（2003）指出明确向员工传递变革原则，阐明需要得到他人的意见并且根据他人意见采取行动的领导，其下属更愿意为团队学习做出贡献，尽管依然存在固有的建言风险。所以，可以推断，那些持续改进导向下的领导行为会使下属感觉到"说出来"是安全的，因而愿意建言。管理开放性就属此列。管理开放性指的是下属感知到领导愿意倾听他们的想法，对他们的想法感兴趣，会对他们提出的想法给予公正的考虑，而且至少有些时候会采取行动去解决已提出的问题。这种行为在维持员工建言的原始动机方面极为重要（Milliken 等，2003）。更为重要的是，对员工意见持开放观点的领导行为还可以缩短领导和下属之间的权力距离，使员工感到提出具有潜在风险的意见不会导致太大成本（Edmondson，2003）。一些定性研究也描述了管理开放性对组织各个层级员工的强大影响（Ryan & Oestrich，1998；Sprague & Ruud，1988）。这些理论推导得到了实证证据的支持。Detert & Burris（2007）通过两阶段的实证研究发现，在控制下属个性、满意度和工作特征之后，管理开放性比变革型领导对员工建言更具有积极影响，而且对绩效优秀的下属的建言行为影响最大。

虽然有关领导与员工建言关系的定性研究进行了不少理论推导，可对这些理论进行实证检验的研究却显得不足，为数不多的定量研究发现的结果也并不一致。在领导与员工建言的关系研究中，还未有一致的结论（Ashford 等，1998）。具有高表面效度的研究认为，领导行为是员工建言的重要情景因素，但调查研究难以证实这些发现。其余对领导与员工建言的关系研究，如 Detert & Burris（2007）发现，开放性的领导行为与员工建言行为正相关，而变革型领导则与其并不显著相关。

从领导行为与员工建言关系的作用机制来看，心理安全起着中介变量的作用。它直接关系到提出改进建议去挑战现状的风险有多大。虽然有很多学者研究领导对其他组织公民行为的影响，但建言这种行为是非常特殊的，因为它涉及挑战组织现状以及组织中的当权者。很少有权威人士反对下属的利他和吃苦耐劳等角色外行为，但是权威人士不太可能喜欢自己所支持和倡导的项目或政策受到来自下属的挑战，甚至可能会视有此类行为的那些下属为叛逆者（Frese & Fay, 2001; Van Dyne & LePine, 1998）。准确地说，由于建言可能被看作反角色行为而非角色外行为（Staw & Boettger, 1990），领导在创造建言的心理安全氛围中非常重要。也就是说，各种领导行为就是员工评估"说出来"的潜在成本和好处的重要依据，领导行为会对员工的最终建言或沉默行为产生影响（Milliken 等, 2003; Ryan & Oestreich, 1998）。

领导力替代（leadership substitutes）和领导力增进（leadership enhancers）是领导与建言关系的另一个研究视角。根据 Howell 等（1986）的研究，领导力替代是指人、情景或任务等因素使得领导变得无关紧要。比如，虽然领导与员工的良好关系有可能预测员工的组织公民行为，但也可能有这样的情形：因为某些具体的个人特征（如感到某种行为是自己工作的一部分）即使领导与员工的关系质量不佳，员工的组织公民行为的水平依然很高。从这个角度讲，角色内知觉将替代低质量的领导与员工的关系而对较高水平的组织公民行为有预测作用，OCB 而当领导与员工的关系质量低，员工又视组织公民行为为角色外行为时，其水平就会较低。相反，Howell 等（1986）将领导力增进（leadership enhancers）界定为人、情景或任务的某些特征可能会放大或提升领导变量对员工行为的影响。比如，积极的领导与员工的关系可以预测高水平的组织公民行为，而个人的某些特征（如感觉某种行为是其工作的一部分）可能对这种关系起到强化或提升的效果。Van Dyne 等（2008）的实证研究结果支持这一推论。

尽管关于员工建言的研究起源可以追溯到 Hirschman（1970）的开创性研究，但对建言的先导因素（antecedents）的实证研究依然是个新兴的领域（Detert & Burris，2007；Graham & Van Dyne，2006）。虽然已有研究已经明确了几个值得注意的预测因素，但还需要更多研究去考察其他重要的先导因素。同时，还需要更多研究以厘清文献理论推导与实证发现的不一致，以及不同实证研究发现的不一致。

第二节 员工创造力

一 创造力的含义

虽然心理学对创造力的研究已有较长的历史，但在组织行为学中，创造力（creativity）还是一个相对较新的研究领域（Shalley & Zhou，2008）。创造力之所以引起组织行为研究者的兴趣，其中一个可能的原因是，在工作场所，如果条件合适，创造力可能产生于任何工作岗位和任何员工身上（Shalley，Gilson & Blum，2000）。于是，研究组织和工作场所那些提升或抑制创造力的因素显得十分重要。

文献中对创造力概念的界定各异。Sternberg & Lubart（1999）

将创造力定义为进行新颖（原创、出人意料）而又适当（有用、适应任务限制的）的工作的能力。与此定义相关的用语包括想法、发明及突破。Amabile（1997）则认为创造力是指任何人类活动中的新颖而适合的想法的产生，它包括的领域从科学到艺术，到教育到商业以及日常生活。首先，想法必须新颖，即他人未曾想到；其次，还必须契合现有的问题或现存的机会。在组织范围内，员工创新行为包括发展创意的行为和实施创意的行为。Amabile 等（1996）将创造力和创新做了区分，指出创造力是指任何领域中的新颖而有用的想法的产生，而创新是指新颖而有用的想法的成功实施。

在组织行为研究中，创造力的经典定义是新颖而又有用的主意的产生或产出（Amabile，1988，1996；Oldham & Cummings，1996；Scott & Bruce，1994）。要被认为具有创造性，主意或想法必须既新颖又有用，具有在短期或长远为组织创造价值的潜力。创造力被看作创新的关键先行因素，越来越被认为是在各种工作和组织中带来有效性的重要元素（Amabile，1988，1996；George & Zhou，2007；Oldham & Cummings，1996）。创造性的主意可能与工作流程、产品、服务以及组织构造相关，创造力可能是循序渐进式的，也可能是突变式的（Mumford & Gustafson，1988；Shalley 等，2004）。

二　组织创造力研究的理论模型

心理学对创造力的研究已有很长历史。该领域的实证研究主要围绕两类展开：一类是研究个体差异，另一类是研究认知过程（Shalley & Zhou，2008）。个体差异的研究又分为两类：一类关注已展现出高创造力的个人，如有特别创造性成就的艺术家、科学家、

音乐家、作家、哲学家等，考察他们生平以及他们独具的个人特征
（Cox，1926；MacKinnon，1962；Barron，1968）；另一类也是占大多
数的研究，则关注普通个人。采用一系列关于智力、人格以及创造
力的测试来试图发现哪些特征更有可能与展现高创造力的人相关
（Guilford，1959；Barron & Harrington，1981；Gough，1979）。认知
过程研究开发了一些测试工具和方法来测量个人的创造力水平。例
如，Kirton（1976，1994）开发了用以测试问题解决方式偏好的适应
者—创新者量表（Adapter - Innovator Inventory），Guilford（1963，
1967）开发了用以测试发散性思维的备选用途任务测试方法
（Alternative Uses Task），Torrance（1962，1974）开发了创造性思维
测试方法（Torrance Tests of Creative Thinking），均都被广泛使用。认
知过程研究还采用一些广为接受的培训项目以帮助个人发展其创造
性，如 Osborn（1953）的脑力激荡法，Gordon（1961）的创造力刺
激计划（Synectics），Debono（1985）的"思维帽"（thinking hats），
以及 Parnes（1967）的创造性问题解决训练计划。

组织创造力研究是以心理学为基础发展起来的。学者们积极投
入组织创造力的研究始于 20 世纪 80 年代后期（Shalley & Zhou，
2008）。各种创造力理论相继被提出。Amabile（1988）在其早期
创造力社会心理学研究成果的基础上，提出了创造力组成成分理
论，以理解哪些因素促进或阻碍了员工的创造力。Woodman，
Sawyer & Griffin（1993）构建的组织创造力交互作用模型（An
Interactionist Model of Organizational Creativity）将组织中的个人创造力
描述为各种先决条件、个人认知方式/能力、个性特征、知识、内在
激励、社会影响以及情景影响等多种因素综合作用的函数。与此同

时，实证研究开始探索各种可能对个体创造性绩效产生影响的个人和
情景因素（Amabile，1996；Eisenberger & Selbst，1994；Farmer，
Tierney & Kung-McIntyre，2003；George & Zhou，2001，2002；Gilson &
Shalley，2004；Madjar，Oldham & Pratt，2002；Oldham & Cummings，
1996；Perry-Smith，2006；Shalley，1991，1995；Shalley & Oldham，1997；
Shalley & Perry-Smith，2001；Tierney & Farmer，2002；Zhou，1998，
2003；Zhou & George，2001），而且研究数量逐年递增。

　　创造力研究"特质观"认为，创造力属于人的特质。几十年来，
甚至从事创造力研究的学者也将这种观点作为指导原则，因而将创
造力的研究关注点放在个体差异上：什么样的人具有创造力？他们
如何与众不同？尽管这类以人为中心的研究产生了有关特别有创造
力的人的背景、个性以及工作风格等方面的重要发现，但它同时也
具有局限性，限制了研究范围的拓展。它对指导实践界人士如何促
进人们在工作中更有创意帮助甚微，并且它忽略了社会环境在创造
力和创新方面的作用（Amabile，1997）。

　　与传统观点相反，创造力组成成分理论（Amabile，1983a，
1983b，1996）认为所有具有正常能力的人都可以在一定领域、一定
时间做出至少中等水平的创造性工作。在此过程中，社会环境（工
作环境）能够影响创造性行为的水平和频率（Amabile，1997）。创
造力组成成分理论提出个人自身对创造力至关重要的三种成分，具
体包括特定领域的专业技能（domain - relevant skills）、创造力相关
技能（creativity - relevant skills）和内在任务激励（intrinsic task
motivation）三大因素。特定领域的专业技能是指适用于一个或多个
工作领域的能力和才干；创造力相关技能是指能够促进任何领域中

创造力发挥的个人性格特征、认知方式和工作习惯；内在任务激励是指受到社会环境显著影响的任务本身所具有的驱动力。特定领域的相关技能包括在该领域内个人所知和所能做的一切：该领域所需的知识、技术性技能、天生的认知能力、知觉和运动技能，等等（Amabile，1983a，1983b）。当然这些技能也依赖于正式和非正式的教育培训、个人的经历，以及从经验中的学习。创造力相关过程，包括合适的认知方式（广泛的概念归类和容忍模糊性），对于产生新颖想法的启发性知识，以及有益的工作方式——对勤奋工作的认知取向。这些因素取决于训练、想法产生的经验和个人的性格等。大量的研究突出了勤奋工作在创造力中的作用。因为创造力需要坚持不懈的努力。上述两个因素在创造力组成成分模型中被看作决定个人创造力的必不可少的原材料。此外，根据创造力的内在激励原则（Amabile，1997），当个人主要受到来自所承担工作本身带来的兴趣、享受、满意和挑战等内在激励因素的驱动，而不是来自社会环境的外在压力或诱惑时，个人最具有创造力（Amabile，1983a，1983b，1996）。Amabile（1996）通过对创造力组成成分理论的修订，提出特定的外在激励因素。支持能力的发展以及在工作中的深度投入，可以增加内在激励和创造力，其作用的方式是通过形成激励性合力来实现的。尽管激励被后来的创造力理论工作者（如Sternberg & Lubart，1991）所强调，但包括 Guilford 在内的早期理论家实际上都忽略了它的作用。由于这种忽略，同时也由于激励（不同于其他创造力的组成成分）能够被实时的社会环境所深刻影响，激励在创造力成分模型中的重要位置更加凸显。

Csikszentmihalyi（1988，1996）的创造力系统观（systematic

perspective on creativity）认为，创造力需要个人、文化和社会三方互动才能产生。要使创造力得以出现，一整套的规则和实践必须能够从文化传递到个人。个人必须产生相对于文化来说新颖的变异。这种变异又必须能够被社会所接受从而被文化所包含。在这个过程的初期阶段，个人特征和个人所处的位置决定了其所能获得的资源，从而决定了创造力的产生。

交互性视角（interactional perspective）被引入组织创造力的影响因素研究中。交互理论将创造性行为看作个人与各种情景因素复杂互动的结果（Amabile，1996；Woodman，Sawyer & Griffin，1993）。该理论强调个人和工作场所（群体和组织）的情景因素相互作用可以充分预测员工的创造性绩效。在个人特征方面，他们讨论了认知能力或方式、个性、内在激励以及知识等的重要性；在群体特征方面，他们关注群体的规范、凝聚力、规模、角色、多元性、任务和问题解决方式等；在组织特征方面，他们探讨了组织文化、资源、奖励、战略、结构以及技术等。在该模型中，创造性的个人、群体和组织都是可以通过创造性过程和情景转化的投入，这些投入有可能转化为创造性的产品。

尽管交互法对于创造性行为研究整体来说是充满吸引力的，但是还需要更加严密的理论建构，来帮助理解个人特征与情景因素的互动如何促进或阻碍创造性行为（George & Zhou，2001）。同样，创造性行为的实证研究已经开始触及个人因素与情景因素的互动如何鼓励或阻碍创造性行为（Amabile，1996；Oldham & Cummings，1996；George & Zhou，2001）。因此，采用交互法来理解工作场所的创造性行为，对于识别那些相对持久的个性如何在支持性的情景中影响创造性行为显得颇有前景（George & Zhou，2001）。

Ford（1996）的个人创造性活动模型认为个人的创造性活动是释义、激励、知识和能力相结合的结果。他认为创造性的举动和习惯性的举动对同一个人来说是相互独立的行为选择。通常来说，只要习惯性的行动充满吸引力，即使环境有利于创造性活动，个人还是会继续其习惯性的行动。因此，他预测，尽管创造性活动很重要，但组织中创造性的活动十分少见。

Unsworth（2001）发展出了创造力的两维度四类型矩阵。两维度是指投入的驱动力和问题类型。四类创造力包括回应式的（封闭的，外在的）、期望式的（开放的，外在的）、促进式的（封闭的，内在的）以及主动式的（开放的，内在的）。

Perry-Smith & Shalley（2003）强调创造力的社会性，即他人对个体产生创意的重要性。从更为宏观的角度，他们利用社会网络理论（social network theory）的概念来探索社会关系情景与个人创造力的联系，认为弱关系比强关系从整体来看对创造力更加有益。而且，个人在关系网络中的不同位置对创造力的影响也不同。具体而言，处于某一关系网络中边缘位置的个人，由于与网络外的联系多，可能会具有创造性的洞察力。当然，他们也认为一旦高水平的创造力产生之后，个人会由网络的边缘位置朝向中心位置移动，在这个过程中可以接触更多不同类型的人和更多的信息，从而激发新想法和创造性的洞察力。在由边缘位置转向中心位置的过程中，个人的创造力也会一直增加，直到个人到达了一个自认为满意的位置，这时个人对现状的满足会致使其创造力受限，除非个人与外界社会领域依然保持联系。

三 组织创造力的实证研究发现

创造力组成成分模型强调社会环境对个人创造力的重要影响。一些实验和非实验的研究表明（Amabile，1996），社会环境因素中那些传达控制（如外在评估或依据合约的奖励）的因素对内在激励和创造力起阻碍作用；相反，那些支持自主性涉入和积极任务投入的社会环境因素能够提升内在激励和创造力。这些发现与 Deci & Ryan（1985）的自我决定理论相符。该理论认为当人所掌握的相关技能与其对此领域的强烈的内在兴趣（激情）相重合时，创造力水平将会更高。

将创造力组成成分理论作为理论依据，Hirst，Van Kippenberg & Zhou（2009）进行了研究。研究显示，个人的学习导向（learning orientation）对个人创造力有显著的积极影响，而且，团队的学习行为对这种关系起到非线性调节作用。具体来说，当团队学习水平较高、团队中个人的学习导向也较强时，学习导向与个人的创造力之间的正相关关系会减弱。而绩效导向（performance – approach orientation）的个人只有在团队学习水平高时才与创造力呈正相关关系。

对于员工创造力的预测因素，已有的研究包括创造力角色认同（Farmer，Tierney & Kung-McIntyre，2003）、个人的情绪（George & Zhou，2002）、工作复杂性（Oldham & Cummings，1996）及创造性目标（Shalley，1995）。具体来说，Farmer，Tierney & Kung-McIntyre（2003）发现员工的创造力与员工的创造性角色认同有关，而创造性角色认同又受到同事的创造力期待及员工自身创造力行为的自我观的影响。

有关情绪与创造力的关系，研究发现当一个组织认可并奖励创造性绩效时，员工的消极情绪与员工的创造力呈正相关关系，而员工的积极情绪却与员工的创造力呈负相关关系（George & Zhou，2002）。当员工对现状不满时，常常会产生消极的情绪，为了获得组织的认可和奖励，他会选择投入更多的努力，寻求更多解决问题或改善现状的方法。相反，当员工对现状感到满意时，会产生积极的情绪，就不会寻求去改变现状，因而，就不太可能表现出创造力。

与创造力相关的员工个人特征以及包括复杂而具挑战性的工作、支持性的而非控制性的主管在内的组织环境因素对以专利、组织建议和主管评价为测量内容的员工创造力具有预测作用（Oldham & Cummings，1996）。Shalley（1995）通过实验研究发现，拥有创造性目标和评价期望而又独立进行工作的员工，表现出的创造力水平最高。这些员工由于受到期待性评价的鼓舞，同时工作又不受他人的干扰，可以集中精力去思考和产生新颖而具实用性的主意，因此创造力水平高。认知评价理论（Deci & Ryan，1980）可以对此做出解释。根据此理论，外界因素，比如权变性奖励和行为限制，有控制和提供信息两方面的作用。这两个相悖的作用影响着个人对其完成任务的能力及在完成任务中的自我决定的主观判断，两者中哪个作用更显著，哪个就对个人的内在激励发挥决定性的作用。当控制一面显著时，员工所感知到的就是外在控制，这会对员工的内在激励和创造力起负面作用。相反，当提供信息的特性显著时，员工被传递和感知到的是积极的信息，内在激励水平就会保持稳定或提升。

　　研究表明，以员工建议的数量以及建议被组织采纳的数量作为测量依据的员工创造力与创造性人格、创造性的问题解决方式等个人特征以及复杂性的工作和支持性而非控制性的主管等环境因素呈正相关关系（Cummings & Oldham，1997）。具体来说，具有创造性人格以及创造性问题解决方式的员工，在从事复杂性工作的同时，又在支持性主管手下工作，还拥有刺激其创造力的同事时，才能体现出高创造力。

　　Janssen & Huang（2008）发现，员工自我感知的个体差异化（individual differentiation）与员工的创造性行为呈正相关关系，而且，创造性行为是员工个体差异化与个人有效性之间的中介变量。

　　有关员工的目标导向与创造力的关系，Janssen & Van Yperen（2004）发现精通型目标导向（mastery goal orientation）与领导评价的员工创新行为有正相关关系，领导与员工的关系在其中起中介作用，而绩效目标导向（performance goal orientation）与创新行为呈负相关关系。

四　领导与创造力

　　领导是重要的工作环境因素（Oldham & Cummings，1996；Scott & Bruce，1994）。针对领导在工作场所中对员工创造力的作用，Tierney（2008）提出了 4×3×3 矩阵。这个矩阵涵盖 4 个潜在的领导层面（个体、双向、群体、组织）、3 个领导构面（特质、行为、关系）以及 3 个潜在的领导影响领域（认知、激励、能力）。这个矩阵构成 36 个单元。每个单元代表一个由层面、构面和影响领域 3 个维度所组成的组合（见图 2-1 和图 2-2）。

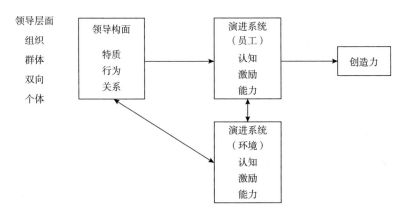

图 2 - 1　领导 - 创造力模型

资料来源：Tierney，2008。

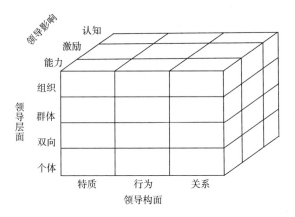

图 2 - 2　领导 - 创造力矩阵

资料来源：Tierney，2008。

（一）领导层面

从组织中员工创造力的研究文献中可以发现，影响员工创造力发挥的因素来自多个层面的不同因素。领导对员工创造力的影响也同样来自多个层面，主要的层面有 4 个：个体层面（如主管）、双向层面（如两人之间的相互关系）、群体层面（如工作团队）和组织层面。虽然可能存在跨层面的领导影响（Woodman 等，1993），但领导－员工创造力关系的研究倾向于关注同一层面的关系，即探索个体领导对员工个人创造力的影响（Madjar, Oldham & Pratt, 2002；Oldham & Cummings, 1996；Shin & Zhou, 2003），或者团队领导对团队创造力的影响（如 Kahai, Sosik & Avolio, 1997, 2003）。

大多数有关领导－员工创造力的研究都限制在探索如工作小组的主管一类较低层面的领导者的影响上（Baer & Oldham, 2006；George & Zhou, 2007；Madjar 等, 2002；Oldham & Cummings, 1996；Shin & Zhou, 2003；Tierney & Farmer, 2002, 2004；Tierney、Farmer & Graen, 1999；Zhou, 2003），原因在于工作小组常常是员工创造性活动发生的"最前线"。然而，领导存在于整个组织背景的系统内，因此对领导影响的探索还应该考虑跨层面的相关性（Sparrowe & Liden, 1997）。有必要牢记这样一个道理：工作小组领导者与小组成员创造力之间的关系可能会受到更广范围的领导的影响。较低层面的领导并非孤立运作，他们对其下属员工创造力的培育和激励在很多时候取决于组织高层领导的影响，因为高层领导铸就组织的文化、结构和运营流程（Amabile, 1988；Kanter, 1988）。

对于创造力绩效来说，理想的情形是组织的各级领导齐心协力共同支持创造力的发挥。但事实上，可能存在不同组织层级间的领导者对员工创造力的支持不匹配的情况。较高层级的领导可能给较低层级的领导者设定行动的边界。如果高层领导没有将创造性绩效包含在组织正式的评估系统中，主管就不太可能去关注员工的创造性行为，因而强化了创造力不受支持、不被重视的看法。于是，组织层面的领导者就对员工的创造力产生了直接的影响，同时也通过基层管理者而产生间接的影响（Tierney, 2008）。同理，基层主管也可能不受高层领导的约束而对员工的创造力产生影响。主管也可能在组织的正式奖励系统没有包含创造性绩效的情况下，想办法奖励员工的创造性努力。反之，基层主管也可能成为高层管理促进基层员工创造力发挥的绊脚石。如果高层管理者在员工中促进创造性活动不断受到基层主管的阻挠，使得员工拒绝或在创造性方面的尝试屡遭失败的话，高层管理者就可能改变他们对从员工身上获取创造力的可行性的看法，从而放弃对创造力发挥的支持。

（二）领导构面

虽然研究领导力的方法各异，但对领导的个人特征和行为，领导与员工关系的关注依然代表着对领导构面的传统分类（Bass，1990）。

个人特征被认为是个人产生创造力最为基本的（Shalley 等，2004）。如果一套明确的个人特征对员工个人的创造力发挥是必须的话，那么同样应该有一套领导的个人特征对成功地领导员工发挥创造力是必需的（Tierney 等，1999）。除了发展出普遍意义上的创造力领导形象外，以交互式理论框架，采取领导特质观去理解创造力可以让我们明确是否由特定类型的领导去领导特定类型的员工，凭借领导和员工之间各自所具有的特质形成共赢或互补的局面，从而促进这些员工的创造性绩效。虽然与创造力和创新有关的领导特质的综合性研究已经被提出（Mumford 等，2002），但在创造力研究中整合各种领导特质的研究还是相对较少（Tierney，2008）。

一个有趣的与创造性领导有关的特质研究领域是一系列与认知有关的领导特质。在认知能力方面，领导者的总体智力对追随者的创造力的影响已经有所研究（Gibson，Fielder & Barrett，1993）。另外，Zhou & George（2003）提出领导者的情绪智力水平在创造性过程中的不同阶段会以不同方式提升员工的创造力。这一观点与创造力领导者需要拥有一定程度的社会技能，以使他们能够与潜在的创造者和其他相关人士在创造性过程中成功互动的观点相一致（Mumford 等，2002）。

大量有关领导行为如何影响员工创造力的研究关注领导对员工创造力的支持。Amabile 等（2004）引证认为特定类型的领导行为会使员工察觉到领导对员工创造力的支持，而这种察觉有益于员工创造力的发挥。Mumford 等（2002）指出有效的创造性领导需要关注 3个方面的创造力支持：想法支持、工作支持、社会支持。

其他研究将目光投向人际支持方面。这些研究发现，领导者所展现出的对下属的同理心和关怀（Amabile 等，1996；Amabile 等，2004；Oldham & Cummings，1996；Tierney，2003）与员工的创造性产出有关。George & Zhou（2007）发现，在支持性的环境中，员工消极的情绪与员工创造力有正向关系。

要促进员工发挥创造力，领导从行动上表示对创造性活动和创造性成果的重视和期待是非常关键的（Amabile，1988）。相应地，有研究试图捕捉那些能鼓励员工发挥创造力的领导行为。研究表明奖励和认可反映出领导对员工创造性努力和创造性结果的欣赏，现有研究表明领导一方这样的认可方式对提升员工的创造性生产率很有好处（Tierney，2003；Tierney & Farmer，2002，2004）。其他的研究发现领导对员工创造性绩效的期待对员工创造力有直接效应（Scott & Bruce，1994），而且还通过支持性的领导行为和创造力自我效能感而发挥间接效应（Tierney & Farmer，2004）。由于创造性过程具有复杂和不确定的本质，因此员工具有坚定的信心和对创造性工作的效能感是必不可少的（Ford，1996），而提供这类支持的重要角色就是领导。有少数研究考察了领导对提升员工与创造力有关的自我效能感的作用，发现领导能够促进员工在问题解决过程中发展出很强的创新意识（Redmond 等，1993），并能提供创造性努力的榜样和言语性鼓励（Tierney，2003；Tierney & Farmer，2002，2004）。目标设置是另一种表达对创造力的重视和期待的方式，同时也是激励员工朝向创造力方向努力的一种方式（Shalley 等，2004）。

在强调智能激发、愿景描绘、角色示范以及超越自我利益等方面，变革型领导行为理应在微观（Shin & Zhou，2003；Mumford 等，2002）和宏观（Jung、Chow & Wu，2003；Mumford 等，2002）两个层面都能塑造员工的创造力。对变革型领导与员工创造力和创新的研究兴趣日益增加。变革型领导可以提高下属的绩效期望（Bass，1995），并寻求转变下属的价值观和自我概念，推动下属产生更高的需求和愿望（Jung，2001）。在过去几年中研究者已经研究了变革型领导对下属和组织绩效的影响（Dvir 等，2002；Howell & Avolio，1993；Lowe 等，1996）。但是，针对这种领导类型对创造力影响的研究则很少。

有关领导行为与员工创造力的研究为数不多（Sosik 等，1998，1999；Jung，2001；Kahai 等，2003；Jaussi & Dionne，2003），这些研究很多采用的是实验研究，研究发现和结论也各异（Mumford 等，2002），甚至相互冲突（Gumusluoglu & Ilsev，2009）。有些研究观测到变革型领导对创造性过程和结果的影响（如 Sosik，1997；Sosik 等，1998），而其他研究则没有发现变革型领导对创造力有影响（如

Basu & Green，1997；Jaussi & Dionne，2003；Kahai 等，2003）。如 Jaussi & Dionne（2003）以学生为受试者进行实验研究，该研究结果没能为变革型领导与创造力之间的正相关关系提供支持。而 Shin & Zhou（2003）所进行的第一个有关变革型领导与员工创造力的实地研究，则发现两者之间存在正相关关系。Gumusluoglu & Ilsev（2009）也发现变革型领导与员工创造力呈正相关关系，并发现心理授权在这一关系中的中介作用。通过个人关怀，变革型领导对下属表示出同理心、关怀以及支持，有助于下属克服挑战现状的恐惧感，使得他们具有更高水平的创造力（Gong，Huang and Farh，2009）。另外，有少量研究发现高层领导者的变革型领导行为在提供支持创新的工作环境（Howell & Avolio，1993；Jung 等，2003）和有益于创造力的授权感（Jung 等，2003）方面有积极效应。由此看来，在变革型领导与员工创造力的关系研究方面，还没有令人信服的一致性结论。

另一个研究领导构面的视角是关系视角，即领导力是一种存在于领导者和员工之间的现象。创造性绩效的社会关系论已经受到关注（如 Perry-Smith & Shalley，2003）。Kahn（1990）的解释是，在工作场所的强烈依附感提供给员工这样的"关系锚"，即他们在工作行为中需要灵活、冒险和探索。当员工感受到在与领导的关系中有很强的"关怀"成分时，他们在工作中能够更加有效地应对那些有益于创造力的不确定性并产生有益于创新的浸润感（immersion）（Kahn，1998）。

Madjar 等（2002）发现与直接主管关系中的支持性特性对员工在工作中的创造性绩效有影响。领导 – 成员交换（LMX）理论阐述的就是领导与单个员工之间所发展起来的对偶关系。借助于领导－成员交换，采用关系视角的研究（Basu & Green，1997；Scott & Bruce，1994；Tierney，1992，2000；Tierney 等，1999）发现，领导发展与员工之间的高质量关系会提升员工在工作中创造性绩效的水平。由于领导－成员交换的本质，这种关系似乎成为员工创造性行动的自然渠道（Scott & Bruce，1994；Tierney，1992，1999）。超越常规绩效要求的倾向是高 LMX 员工的显著特点（Graen & Scandura，1987），高 LMX 的员工自报比低 LMX 的同事更多地投入挑战和相关工作中。而挑战又与目标和创造性努力相联系（Amabile，1988）。在工作中感受到一定程度挑战、一定程度意义和一定程度关系的员工更有可能努力将工作做得更有创造性（Amabile，1988）。Tierney（2000）发现高 LMX 的员工在工作中能感受到授权，这能对其工作产生影响，由此与创造性绩效相关联。高 LMX 所特有的对冒险的支持、资源的提供、奖励以及鼓励等能够在工作中对创造力产生积极影响（Amabile，1988）。因此，高 LMX 的员工能够意识到自己的工作环境是支持创新的，这并不足为奇。最后，由于高 LMX 的人际支持特性，员工应该可以感受到一定程度的自在、信任和安全，这些感觉有益于创造性行动的出现（Tierney，2008）。

（三）领导影响

领导除了能够直接对员工产生影响外，还可能通过不同的变量对员工的绩效产生间接影响（Likert，1967）。同样，由于创造性工作具有复杂的社会心理特性，我们有理由预测领导在员工创造性绩效中所起的作用也是错综复杂的。探索领导影响员工创造力发挥的机制对于理解社会环境力量如何影响员工创造力非常重要。员工创造力的当前理论模型（Amabile，1988；Ford，1996；Woodman 等，1993）认为认知、激励和能力是员工在工作中投入创造力的重要预测因素。由于员工的创造性工作并非单打独斗，而是需要必要的环境，因此，作为工作环境中的中心成员，领导对员工的工作环境有潜在的重要影响（Amabile 等，1996；Kanter，1988）。其效应的发挥可能是通过影响员工对创造力的认知、投入创造性工作的激励程度以及相关的能力而实现的（Amabile，1988）。

近期的探索性研究提出领导可以通过特定的行为影响员工的知觉（Amabile 等，2004）和释义（Tierney，2003），从而影响员工的创造力发挥。在一个期待创造力和要求发挥创造力的环境中，领导者的一个关键作用就是投入与创新有关的释义和意义创建活动中（Hill & Levenhagen，1995）。这些活动是有意义的，而且必须在组织的各个层级一并展开。比如，来自工作团队的社会线索可能塑造员工有关组织对创新的导向的知觉（Amabile 等，1996；Scott & Bruce，1994；Tierney，1992），这种知觉判定个人的创造性努力是被激活还是被阻碍（Ford，1996）。近期的研究认为工作小组中领导的行动会刺激员工认为自己在多大程度上具有创造性能力的知觉（Redmond等，1993；Tierney & Farmer，2002，2004），同时影响员工对组织在多大程度上希望自己在工作中展现创造性的知觉（Tierney & Farmer，2004）。在组织的较高层面，领导可以渴求创造力的一致性愿景（Amabile，1988；Kanter，1988）。

研究认为内在激励可能是社会性推动力影响员工创造力的重要中介变量（Amabile 等，1996）。领导在工作场所成为员工的重要激励性影响（Bass，1990）。有关激励 – 创造力关系中领导作用的实证研究还很缺乏（Tierney，2008）。Tierney & Farmer（2002，2004）发现领导对创造性努力和创造力的成功发挥所给予的认可和奖励能够提高员工对自身创造力的信心，继而提升员工的创造力水平。还有研究探索支持性领导与员工创造力关系的"心理过程"（Choi，2004），结果显示，支持性领导通过群体内的公开氛围影响员工与创造性绩效相关的创造力自我效能感。

先前研究还暗示，创造力可能是一种认知性情绪反应。Kahn（1990）认为个人的情绪状态部分地决定了员工对个人投入程度和创造性工作所必需的努力程度的感受。研究表明，无论是积极情绪还是消极情绪，在不同的环境下都可能对创造力产生性质不同的影响。George & Zhou（2002）认为在支持性环境中，员工的消极情绪可以刺激其创造力，因为消极情绪能使员工认识到改善和提高的必要性。但更多的研究则认为积极情绪更有利于创造力的发挥，因为积极的情绪有助于产生灵活而发散性的思维以及相关的认知过程，这些都有益于产生新而有用的想法（如 Greene & Noice，1988；Hirt，McDonald & Melton，1996）。

对于领导如何通过影响员工的情绪这一中介效应继而影响员工的创造力，实证研究还很少。不过，有两项定性的实证研究发现，与表现出创造性支持行为的主管共事的员工感受到总体上的积极情感（positive affect）（Amabile 等，2004）和一种情感性的投入（affective engagement）（Tierney，2003）。还有一项研究（Madjar 等，2002）发现，员工的积极情绪对主管的创造力支持行为和员工的创造性绩效之间的关系发挥着中介作用。

有关领导与员工能力的关系研究认为，员工要在工作中表现出创造力，必须具备两方面的能力。首先，员工必须具有本身任务领域的合适的技能（Amabile，1988）。这些技能被认为是创造力的原材料，包括知识基础、经验，以及完成工作任务所需的一套完整的技能。而领导对开发员工的这些能力负有责任（Bass，1990）。要建立创造力所需的领域内员工的技能和知识，就要求领导为员工提供实际的知识和传递范式相关的原则，提供合适的培训，并将员工技能与工作任务进行良好的匹配（Amabile，1988）。领导向员工提供合适的任务反馈可能是员工建立知识和技能的一种机制（Carson & Carson，1993）。研究还表明，领导的发展性反馈可能是培育员工创造力的关键行动（George & Zhou，2007；Zhou，2003）。此外，在完成创造性绩效任务的过程中，"实践"和"浸润"对员工提升创造力也很重要，因此，领导需要给予员工熟悉任务的时间和空间。

其次，除了更加通用的任务领域内的技能外，员工还需要掌握一系列与创造力有关的特殊技能（Amabile，1988）。因此，领导在推动员工走完创造力发挥过程中的各个阶段和鼓励员工创造性地思考问题方面需要发挥重要作用。具体来说，领导要有能力影响问题的建构、信息的搜集、信息的整合以及创造性问题解决过程的各个实施阶段（Mumford，Whetzel & Reiter-Palmon，1997；Redmond 等，1993）。领导在与员工一同处理问题时所用的方式并鼓励员工暂缓对问题的判断（Amabile，1988）应该可以影响员工的创造性问题解决技能的发展。领导在决策时的时间分配（Mumford 等，1997；Redmond 等，1993）以及对信息的使用（Mumford 等，1997），也可以影响员工对创造性技能的运用以及在问题解决过程中展现创造力的程度（Mumford 等，1997）。

第三节　家长式领导

一　家长式领导的含义

家长式领导的研究可以追溯到 Silin（1976）的探索性研究。后续家长式领导的主要研究者应是樊景立、郑伯壎（Farh & Cheng，2000；Farh 等，2006），以及 Aycan（2006）。总结家长式领导的相关研究与文化根源，家长式领导具有三大核心领导因素：仁慈领导、德行领导及威权领导。皆渊源于中国传统文化，而且在海外华人企业组织的领导者身上均可看到（Silin，1976；Redding，1990；郑伯壎，1995a，1995c）。所谓家长式领导，是指包含所有三种元素至某种程度的领导方式（郑伯壎、周丽芳、樊景立，2000）。在概念上，三要素是可以区分的，但不必然是完全独立的，三者之间可能具有某种程度的关联（郑伯壎、周丽芳、樊景立，2000）。樊景立和郑伯壎（2000）将家长式领导界定为：在一种人治的氛围下，所显现出来的具严明纪律与权威、父亲般的仁慈及道德廉洁性的领导方式。此定义包括三个重要的组成部分：威权领导（authoritarian leadership）、仁慈领导（benevolent leadership）和德行领导（moral leadership）。其中威权领导指领导者强调其权威是绝对而不容挑战的，对部属会做严密的控制，要求部属毫不保留地服从；仁慈领导则是指领导者对部属个人的福祉做个别、全面而长久的关怀；德行领导则可描述为领导者必须表现更高水平的个人操守、修养以及敬业精神（如不滥用权力谋私利，成为员工的行为典范）。

近期东亚的研究发现威权领导与其他两个因素呈负相关关系。

由于三个因素之间存在负相关关系，樊景立、郑伯壎等在最近的研究中提出整体的家长式领导概念用处并不大，各维度的量表应该分开来使用（Chou 等，2005；Farh 等，2006）。Aycan（2006）也赞同家长式领导并非统一概念的观点。她区分了四种不同的领导方式，指出它们不是一个整体家长式构念下的相互关联的维度，而是代表完全不同的独立的领导风格。在两维度（行为和意图）的基础上，她发展出了 2×2 的矩阵，用以描述四种不同的领导风格：仁慈型家长式领导、开发型家长式领导、专权型领导，以及威权型领导。以此模型为依据，她提出家长式领导不是一个统一的概念，它也不等同于西方文献中所描述的专权。

仁慈型家长式领导和开发型家长式领导共有的显性领导行为是"关怀和呵护"。在仁慈型家长式领导下，领导真心关怀下属的福祉，下属出于对领导关怀和保护的欣赏和尊重而表现出忠诚和遵从（Aycan，2006）。对于开发型家长式领导，显性的领导行为也是关怀和呵护，但是这种行为表现仅仅是为了要求员工服从以达成组织的目标。开发型关系中的员工表现出忠诚和遵从主要是因为领导有能力使其愿望得到满足，同时也有能力剥夺其关键的资源（Aycan，2006）。

专权领导和威权领导共有的显性领导行为要素是"控制"。区分这两种行为的是其背后的意图。在专权管理情景下，领导利用奖惩手段使下属服从。换句话说，下属表现出服从是以获得奖励或避免惩罚为目的的。与此相对，在威权管理的情景下，领导也实施控制，但意在促进下属的福利，即仁慈。下属明白规章是为他们好而设，因此他们会尊重领导的决定，并愿意服从规则（Aycan，2006）。

从 Aycan（2006）的描述可知，不同学者对于家长式领导有效性存在异议主要是因为缺乏清晰的概念（Pellegrini & Scandura，2008）。比如，Uhl-Bien & Maslyn（2005）提出家长式领导创设的责任是一种受恩与压迫。他们进一步指出家长式领导表现出仁慈是因为希望得到某种回报，而不是为了下属的福祉而为。显然，尽管他们称这就是家长式领导，但实际上，他们指的是开发型家长式领导。再如，当 Martinez（2003，2005）探讨家长式领导时，她实际上关注的是"仁慈型家长式领导"。与此类似，Pellegrini & Scandura（2006）说是"一种有效的策略"时，指的应该是仁慈型家长式领导。未来研究需要进一步探索仁慈型家长式领导及其如何影响工作场所中人的认知和行为结果。

二　家长式领导研究的纵向脉络

对华人企业中的本土领导方式进行探讨是最近几十年的事。如表 2－1 所示，早期的研究主要是质性研究（Silin，1976；Redding，1990；郑伯壎，1995a，1995c），以及理论性的探讨（Westwood，1997）。

表 2－1　华人文化背景中的家长式领导研究纵向脉络

Silin（1976）	率先观察到海外华人企业中的家长式管理方式
Redding（1990）	发现家长式领导是华人企业领导的一个重要成分
Cheng（1995a，b，c）	在台湾的研究证实家长式领导普遍存在
Westwood（1997）	提出华人家族企业的家长式首脑领导模式
Farh & Cheng（2000）	提出家长式领导的三元模式：权威领导、仁慈领导和德行领导
Cheng，Chou & Farh（2000）	开发出家长式领导的量表

（一）Silin 的研究

20 世纪 60 年代末期，Robert Silin 对一家中国台湾由单一企业主控制的大型民营企业进行了长达一年的个案研究。通过与企业主、经理人及员工上百小时的面谈，详细地描述了此企业的企业主与经理人的领导理念与行为模式（Silin，1976）。他指出这些领导作风都具有清晰可辨的特色，与西方极为不同。虽然当时他并未将这些领导作风称为家长式领导，却在后来促进了家长式领导概念的兴起。Silin 的研究观察到了如下的主要领导理念与行为模式，包括教诲式领导、德行领导、中央集权、刻意与部属保持距离、不明确表明意图及施展控制手法。

1. 教诲式领导

领导者的主要功能是向部属提供方法，教导部属如何成功地达成工作目标。这些方法通常会涵盖领导者"如何将抽象的理论，转变为实务上的成就"（樊景立、郑伯壎，2000）。

2. 德行领导

部属会认为领导者应该是道德高尚的人，除了技术能力高人一等之外，也具有各种神秘的理解能力，能够将抽象的理念或构想转化为具体的经济绩效与经营成效。除此之外，领导者也应该具有统揽大局的能力，能够牺牲私利，顾全团体的利益，或牺牲小我完成大我（樊景立、郑伯壎，2000）。

3. 中央集权

管理权力集中在企业主持人手里，决策通常没有一定的成规可循。权力不但不会与下属分享，而且也不容易授权。领导者并不依赖部属来执行工作，所有的行动都是由他开始的（樊景立、郑伯壎，2000）。

4. 刻意与部属保持距离

老板会刻意与部属保持距离，包括人际接触与日常工作等方面。老板也认为作为一名领导者，必须有老板的尊严，要能够望之俨然，有个长上的样子（樊景立、郑伯壎，2000）。

5. 不明确表明意图

老板对部属不会明确表达真正的想法，以维护自己的权威，并保留控制权。这通常包括三个方面：第一，他的书面指示十分简短，点到为止；第二，组织内欠缺工作说明书；第三，虽然老板的一般性理念，如努力工作、忠诚、节俭，是清楚的，但履行这些理念的政策与行动，却时常改变。由于老板的意图并不明确，因此，部属必须花相当多的时间来体察上意，站在老板的立场来考虑事情。老板判断下属是否值得信任，与部属一方是否站在"同一阵线"关系颇大（樊景立、郑伯壎，2000）。

6. 施展控制手法

严格控制要比弹性运营来得重要。老板直接控制了许多人与事。Silin 指出至少有四种控制手段是企业主或主管常用的。第一，在公开场合，老板很少表现对部属具有高度的信心，目的在于维持双方的不平衡。然而，私下里，老板可能会对部属表示他对部属能力与忠诚的信任。第二，老板会采用分化管理的策略，鼓励部属彼此竞争，甚至加以分化，以达成个人或团体目标。第三，他不会让任何主管完全知悉他的计划，以免部属拥有控制权。第四，他会同时提拔一些忠诚的部属位居要职，并向他报告，使他能够统揽整个组织，而不至于被蒙蔽（樊景立、郑伯壎，2000）。

在这种领导下任职的部属，要如何才能符合领导者的期待呢？Silin 观察认为，部属必须完全服从与依赖领导者，完全信任老板及其判断。他们必须记住，老板是不会犯错误的，不能公开提出不同的意见，否则就表示对老板的信任不够，他们也得对老板非常尊敬。由于上下间的权力距离很大，部属对老板表示尊敬的方式，是适度地畏惧老板。例如，害怕被炒鱿鱼或对老板关心的事谨慎、恐惧。

但究竟这种领导方式与部属的满足感和工作绩效的关系如何呢？Silin 并没有直接回答，他只是指出了三项极为有趣的观察。第一，部属对老板的效忠，主要是基于部属认为老板的能力远高于他，而非人际情感好。事实上，对某些部属而言，要在情感上认同老板与公司，是不太可能的。第二，老板的分化管理策略，使部属彼此间的竞争激烈，公司内部各部门的合作变得困难，而加重了老板协调上的负担。第三，许多部属因为觉得自己能力不足，人微言轻，从而降低了工作士气，主动积极创新的精神也受到伤害。由此看出，Silin 对威权领导持强烈批评态度，认为这种领导是台湾企业迈向现代化的主要障碍之一。

（二）Redding（高伟定）的研究

20 世纪 80 年代末，受到海外华人家族企业在七八十年代成功的启发，Redding 开始探讨中国香港、新加坡、中国台湾及印度尼西亚等海外华人家族企业的经营与管理方式。在深度访谈了 72 位华人企业主与管理者之后，他指出华人的经济文化具有特殊的风貌，其父权主义（paternalism）是重要的因素。

整合 Silin（1976）、Pye（1985）和 Deyo（1978，1983）的研究后，Silin（1990）将家长式领导细分为七大议题：①在心态上，部属必须依赖领导者；②偏私性的忠诚（personalized loyalty）使得部属愿意服从；③领导者会明察部属的观点，据以修整自己的专断；④当权威被大家认定时，是不能视而不见或置之不理的；⑤层级分明，社会权力距离大；⑥没有清晰的权威或严格的制度，领导者的意图未能明确表达出来；⑦领导者是一位楷模与良师。

Redding 的访谈研究，肯定了华人家族企业的高层领导的确存在上述特性。这显然是一个重要的研究发现。他的研究为时甚久，纵贯 20 年，而且研究样本包括不少地区，如中国的香港和台湾地区以及菲律宾。因此，我们有理由相信，家长式领导的确遍布华人的家族企业。

尽管 Redding 对领导的描述与 Silin 的研究非常类似，尤其在威权领导与道德领导的掌握方面，但他们在一些方面还是有所不同。Redding 特别提出仁慈领导的概念，认为仁慈是指"像父亲一样地照顾或体谅部属"与"对部属的观点敏感"。但仁慈领导的概念，没有在 Silin 对台湾家族企业的观察中被发现，而是在 Pye（1985）对亚洲政治的研究中常被提及。由于仁慈是在专权的情景下发生的，所以必然是以一种施恩的方式进行的。Redding 同时注意到中国社会有很强的"人治主义"（personalism）倾向，即允许个人因素影响决策，这使得领导者的仁慈并非一视同仁地分散到所有的部属身上，而是因人而异。

同 Silin 的研究一样，Redding 对家长式领导的效能，特别是其对部属满意度与绩效的影响并没有提供明确的答案。他只是从更高、更广的角度，去俯瞰华人家族企业在当时环境下的整体功能。Redding 的许多论文与专著都是在 20 世纪 80 年代末写成的，正好是中国香港和台湾地区以及新加坡的经济受到举世瞩目之际。他对华人家族企业做了很中肯的评价，指出了华人企业的许多优点：策略上具有弹性、反应速度快、企业主的个人远见能够转化为实际的经营行动、部属能刻苦耐劳地顺从企业主的要求、关键的关系稳定且持久。但他同时指出华人企业也有不少缺点：低层员工结党营私、创新性与主动性不高、法律权威的影响范围有限等。虽然我们不能将这些优缺点完全归因于领导者，但高层领导者在华人家族企业的经营上显然扮演着极为重要的角色。这种高层领导对家族企业的重要影响，亦有不少研究者提及（如郑伯壎，1995b）。

（三）Westwood 的家长式首脑领导模式

继 Silin（1976）和 Redding（1990）的研究之后，Westwood（1997）针对华人家族企业的管理提出了一个家长式首脑领导模式（Westwood & Chan，1992；Westwood，1997）。他用家长式首脑领导来取代家长式领导的概念，理由是他认为领导的概念是西方研究者，尤其是英、美诸国学者所建构出来的，并不适用于环境截然不同的华人家族企业。Westwood 认为：西方注重个人主义、平权主义、普遍主义、社会正义及权利；东方则重视家族主义、服从权威、特殊主义及责任与义务等。他还认为，家长式首脑具有九种特定的领导作风：①教诲式领导（didactic leadership）；②领导意图不明（non‑specific intention）；③重视声誉（reputation building）；④维持支配权（protection of dominance）；⑤讲究权谋（political manipulation）；

⑥个别照顾与徇私（patronage and nepotism）；⑦削弱冲突（conflict diffusion）；⑧社会权力距离大（aloofness and social distance）；⑨对谈理想（dialogue ideal）。

虽然 Westwood 的许多领导作风都与 Silin 和 Redding 所指出的极为类似，但削弱冲突与对谈理想则是新的观点，需要再加以解释。Westwood 认为社会和谐是华人社会的终极价值，因此，首脑的重要功能就是提醒团体成员避免公开的冲突，并加以化解或预防。但樊景立、郑伯壎（2000）对此有不同看法。他们认为，虽然社会和谐是企业组织中最为重要的目标之一（如规避、妥协及协调），却不见得是领导者应该表现的重要领导行为。与部属对谈理想是否也是华人家族企业领导的重要方面，仍需要做进一步的检验。

虽然 Silin（1976）、Redding（1990）及 Westwood（1997）的研究有其贡献，但对以下问题并未加以回答。

第一，家长式的企业领导人采用何种特殊的作风来领导部属？部属又做何反应？

第二，企业主持人如何将部属归类为自己人或外人？

第三，领导者如何对各类部属区别对待？针对这种差别待遇，部属又如何反应？

（四）郑伯壎的研究

郑伯壎（1995a，1995b，1995c）针对上述问题进行了探讨。20世纪 80 年代末以及 90 年代，郑伯壎（1995b，1995c）采用个案研究的方式探讨了中国台湾家族企业主与管理人的领导作风。根据对企业主持人的深入观察与访谈，他发现台湾企业主持人的领导模式与 Silin（1976）和 Redding（1990）所报告的家长式领导很类似。在 1993～1994 年，他又访谈了 18 位台湾家族企业主持人及 24 位一级主管，结果肯定了家长式领导遍布这些企业组织（郑伯壎，1995a；郑伯壎、周丽芳、樊景立，2000）。郑伯壎的研究价值在于提供了许多详细的领导行为方式，以及部属相对应的反应。根据郑伯壎（1995a，1996）的研究，台湾家族企业的家长式领导具有两种概括的行为类型：施恩与立威。对每一种领导行为类型，郑伯壎都指出了其特殊行为及部属相对应的反应。

在立威方面，包括强调领导者个人权威与支配部属两种特色的领导行为。更具体来说，领导者的立威涵盖了四大类行为，包括专权作风、贬抑部属的能力、形象修饰及教诲行为。相应于领导的立威行为，部属会表现出顺从、服从、敬畏及羞愧等行为反应。在每一大类领导模式中，郑伯壎又提供了更详细的类别与行为描述。例如，专权作风涵盖了不愿授权、下行沟通、独享信息及严密控制等细项。部属的顺从则表现在公开附和老板的决定、避免与老板发生冲突等；而服从则可细分为无条件接受领导者的指派、效忠领导者及信任领导者等（郑伯壎、周丽芳、樊景立，2000）。

在施恩方面，领导行为可以细分为两大类：一类是个别照顾，另一类是维护部属面子。例如，主管可能会对一个因为私人原因失业而导致财务困窘的旧部属，慷慨地提供金钱上的援助，借以表明其施恩于他。针对领导者的施恩，部属会表现感恩与图报两类行为（郑伯壎、周丽芳、樊景立，2000）。

郑伯壎还指出这种领导具有人治的色彩，即企业主持人对待所有的部属并不是一视同仁的（郑伯壎，1995b），而是习惯性地将部属分为自己人和外人。一般来说，对自己人领导者表现出较少的立威与较多的施恩，而对外人则正好相反。至于部属是被归类为自己人还是外人，则视三项标准而定：第一个标准是关系，指的是领导者与部属间的社会纽带（social tie），如亲戚、同乡、师生、同学等均属此类，以及社会连带而来的关系亲疏状况；第二个标准是忠诚，指的是部属愿意效忠、服从领导者及为领导者牺牲个人利益的程度；第三个标准是部属的工作胜任力。当部属与领导者具有紧密的关系，被认为能效忠领导者并且工作能力很强时，会被领导者视为核心自己人；相反，当部属与领导者没有任何关系连带，被视为不效忠或不服从，能力也不强时，则被视为疏远或边缘的外人。华人领导者在区分自己人与外人时的心理历程，是和领导者与部属交换理念的描述非常接近的，只是区分标准大不相同（Scandura & Graen，1984）。

综上所述，郑伯壎的研究是在 Silin（1976）、Redding（1990）、Westwood & Chan（1992）及 Westwood（1997）等的研究基础上，做了更为扩大与精辟的阐释。他的研究不仅探讨家长式领导，更延伸至家长式领导与部属相关反应间的动态关系。他提供了一个包含施恩与立威的架构，帮助我们了解家长式领导的行为内涵。所谓立威涵盖以下几个来自 Silin、Redding 及 Westwood 的概念：家长式的控制与支配、中央集权、层级分明且社会权力距离大、保持不明的领导意图、重视声誉和教诲式领导。所谓施恩则涵盖 Redding 的"像父亲一样地照顾部属"和"对部属的需求或观点敏感"，以及 Westwood 的"个别照顾"等概念。而郑伯壎对领导者将部属区分为自己人和外人，且对不同类别部属区别对待的说明，则可说是将

Redding 的"人治"和 Westwood 的"徇私"概念阐述得更加精确、细致。在郑伯壎的架构中，唯一被忽略的是德行领导，究其原因，并非因为德行领导不重要或不存在，而是因为在他的家长式领导架构中，领导者的美德或操守是被视为理所当然的（樊景立、郑伯壎，2000）。

郑伯壎通过对中国大陆、台湾及香港地区的大样本研究结果表明，华人员工对领导者有很高的仁慈期望，这种期望在大陆和台湾地区较高，在香港地区次之。此外，这种期望与受教育程度及年龄的差异无关。相反，尊重权威的程度以香港地区最高，大陆次之，台湾地区再次之；较年长的员工尊重权威的程度也较高，受教育程度较高者则呈现较低程度的对权威的尊重。这些结果显示了仁慈领导在华人员工中是可以被接受的（特别是在大陆和台湾地区）；然而威权领导却可能不易被接受，尤其对台湾地区和大陆的年轻且受教育程度较高的员工来说（樊景立、郑伯壎，2000）。

（五）家长式领导三个元素之间的关联性

根据樊景立、郑伯壎（2000）对家长式领导的定义，家长式领导具有三个重要元素：威权领导、仁慈领导及德行领导。因此，所谓家长式领导，是指包含所有三种元素至某种程度的领导方式。尽管如此，郑伯壎并不认为此三种元素一定是连接在一起、不可分割的，尤其是对非华人家族企业的组织或中级主管的领导而言。更具体地说，这三种领导元素是可以分开来独立探讨的，而不一定非要结合在一起。究竟这三种元素的关系如何？樊景立、郑伯壎（2000）的推测如下。首先，德行领导可能与仁慈领导有正相关关系，因为对中国社会而言，一般人大多数期待领导者具备文中所描述的仁慈特征。因此，一位表现仁慈的领导者，也很可能被部属认为具有良好的品德。其次，德行领导与威权领导的关系可能是模糊不清的：一方面，领导者的德行领导（为部属所知觉的）可能强化权威，尤其是在合法权（legitimate power）方面；另一方面，领导者逐渐增强的权威，可能会使得其行使威权行为的需要减弱。这两种相反力量的净结果，可能导致领导者的威权领导与德行领导之间无明确的相关关系。

最后，威权领导与仁慈领导间的关系值得玩味。究其理由，华人领导者已经发现，同时要表现此两种行为是很困难的。郑伯壎（1995c）研究发现，在华人家族企业和台湾地区的军事组织中，当一个单位的副首长扮演仁慈领导的角色时，最高长官通常扮演威权领导的角色。因为单位长官认识到要同时扮演好两种角色是不容易的，所以才有此种分饰角色的情形出现。类似的情形也出现在许多中国家庭中，父亲通常扮演严父的角色，而母亲则是慈爱的角色。同时扮演好两种角色的困难度，可能暗示了威权领导与仁慈领导之间存在负相关关系。

也就是说，虽然家长式领导是由三种元素组成的，但它们可能并非完全整合于单一领导者身上。因此，将它视为华人组织企业中，在上位者可能具备或呈现的三种领导形态之一，是比较适当的。

（六）八类家长式领导

Farh 等（2008）根据家长式领导的三个维度的程度高低，将家长式领导划分为八种类型。高威权为 A，低威权为 a；高仁慈为 B，低仁慈为 b；高德行为 C，低德行为 c。

类型 1：正宗家长式领导（authentic PL leaders，ABC 型）。这类领导以高威权、高仁慈、高德行为特征。将其界定为正宗家长式领导是因为它与 Farh & Cheng（2000）所提出的理想家长式领导构想最为接近。这类领导同时通过三种心理机制来激励下属，即恐惧、感激与回报、认同与尊重。

类型 2：教父型家长式领导（godfather PL leaders，ABc 型）。这类领导在下属面前展现出高威权、高仁慈和低德行的特征。将其标记为教父，是因为他们是自我服务型领导，通过威慑下属及培养他们的知恩图报感来领导下属。

类型 3：纪律严明型家长式领导（disciplinarian PL leaders，AbC 型）。这类领导展现出高威权、高德行、低仁慈的特征。将其标记为纪律严明型领导，是因为他们严格坚持高绩效标准，而较少顾及下属的个人需求。

类型 4：独裁型家长式领导（dictatorial PL leaders，Abc 型）。这类领导兼有高威权、低仁慈、低德行的特征。在下属眼里，他们很少关注下属的需求。由于他们被认为缺乏德行，下属既不认同也不尊重这类领导。他们是主要靠无情地使用职位权威来统领下属的统治者。

类型 5：无私施恩型家长式领导（selfless benefactor PL leaders，aBC 型）。这类领导对下属很仁慈，同时保持个人的高德行，很少对下属施予威权。他们通过赢得下属的尊重和感激而非职位威权来领导下属。

类型 6：纵容型家长式领导（indulgent PL leaders，aBc 型）。这

类领导对下属高度仁慈，少施威权，少德行。他们对下属的影响主要是通过良好的行为使下属感激。

类型 7：意识形态型家长式领导（ideological PL leaders，abC 型）。这类领导展现出低威权、低仁慈、高个人德行的特征。将其标示为意识形态型，是因为他们主要通过个人信仰和崇高德行来影响下属。

类型 8：自由放任型家长式领导（laissez – faire PL leaders，abc 型）。这类领导在家长式领导的三个维度的得分都低。这类领导在当今中国组织中很少见，因为他们根本不符合领导的基本要求。在此，仅将其作为剩余的一类供比较之用。

三　家长式领导的文化渊源

实证研究表明，印度和墨西哥员工的家长式价值观得分都很高（Mathur，Aycan & Kanungo，1996；Martinez，2003，2005），中国、巴基斯坦、印度、土耳其和美国的员工报告的家长式实践得分比加拿大、德国和以色列要高（Aycan 等，2000）。墨西哥的文化价值观尊重层级关系、看重家庭和个人关系。虽然家长式领导在西方背景下被认为是权威和对他人的操纵，但在根植于儒家思想的本土文化中，有着积极的启示（Farh & Cheng，2000）。再者，家长式作风与集体主义和高权力距离相融合。原因是家长式领导对员工个人生活的涉入在集体主义的文化中是人所希望得到的，而在个人主义文化中，它会被看作对个人隐私的侵犯。在家长式的关系中，上级有时如父、兄、友那样涉入员工的个人生活，员工有权从上级那里得到个人的恩典（Aycan，2006）。同样，这种关系是建立在领导和下属之间的权力不平等假设之上的。在西方，家长式作风之所以被批判，主要原因在于这种毋庸置疑的权力不平等。

　　除传统家庭规范之外，法律结构也影响着家长式实践。在墨西哥和土耳其，公司需要对被解雇的员工支付解雇福利就是典型的例子（Martinez & Dorfman，1998）。研究表明日本员工也对家长式作风持高度肯定的观念。公司的家长式作风对日式系统的有效运作非常关键，在日本好员工是对公司家长式作风持高度支持观点的员工（Uhl-Bien 等，1990）。在马来西亚，家长式领导也受到重视。Ansari，Ahmad & Aafaqi（2004）认为家长式领导充当了一种积极固化剂的作用，因为家长式地对待员工依赖于员工的任务完成情况。Farh 等（2006）指出家长式领导在中国家族企业中是一种有效的策略，因为它有助于维护对员工以及对家族财富的控制。樊景立、郑伯壎及其同事的多项研究都证明，中国大陆及台湾的员工都对家长式领导给予高度评价。Cheng，Chou，Wu，Huang & Farh（2004）认为家长式领导在中国当今的商业组织中依然是一种普遍的领导方式。这种根植于儒家意识形态的领导方式存在的基础是领导应该对下属仁慈这种文化预期（Farh & Cheng，2000）。综上所述，家长式领导在亚太国家和地区、拉丁美洲、中东等地的普遍性和有效性都有相似的文化价值观基础——高权力距离和集体主义（Hofstede，2001）。在集体主义文化中，家长式领导对下属态度产生积极影响，因为家长式领导对下属员工的关怀、支持和保护可以引发下属员工对频繁联系和亲近的个人关系的需要。还有研究表明，家长式领导在北美的商业背景下也可能有效。在美国的研究也表明威权领导在大型的任务型团队中可以催生团队成员的满意感（Stogdill，1974）。

Ansari 等（2004）根据 Pellegrini 等（2007）的研究发现做出推断，认为问题的中心不在于地域，而在于领导方式与其下属的匹配，可能在北美的那些有特定价值观的员工，如对依附需求高、高度尊重权威的员工，渴望家长式领导，其在家长式领导下更有生产力。

华人企业组织为何展现不同于西方的领导方式与相对应的部属反应？这在很大程度上需要追溯深层的文化根源。樊景立与郑伯壎（2000）在这方面做出了巨大的贡献。

家长式领导的文化根源，用冰山模型（见图 2-3）加以描述，表明了家长式领导是冰山看得见的部分，作为其文化根源的中国传统文化价值与意识形态则是隐藏在看不见的海水以下（樊景立、郑伯壎，2000）。家长式领导的一些关键因素深深根植于中国传统之中，可以追溯到中国的宗法家庭体系、儒家思想的尊重上级观念以及长期的帝制（Farh & Cheng，2000；Redding，1990）。

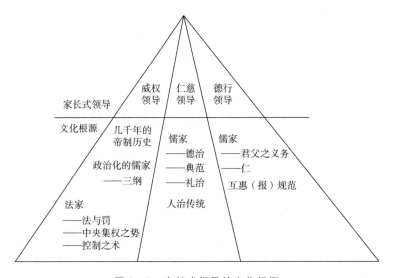

图 2-3　家长式领导的文化根源

资料来源：樊景立、郑伯壎，2000。

（一）威权领导

在儒家思想的主导下，父子轴一直都是最重要的社会关系，而且超过其他的社会关系，父亲的权威要远高于子女及其他家庭成员，权力可以说是绝对的。从表面看来，这种家父长权威类似于古代地中海文化，但其权力的来源是不同的。在西方，家父长的权力来自神的赋予，当家父长与神的关系慢慢地变为隐晦不明之后，家父长的权力就逐渐削弱了。尤其是在政府权力壮大之后，家父长对家户的权力必须行之法典，纳入政府的法律体系中。一旦实行父权制法典之后，统治者的大权、精英分子的特权及富豪对劳动力的需求，就削弱与剥夺了家父长的权限。

然而当西方的父权制因为法典化而逐渐没落之际，父权在中国帝制晚期却受到进一步的强化（Hamilton，1990；Smith，1994）。为何如此，法家思想可能是一个重要的原因（余英时，1976；Smith，1994）。法家相当重视目的与现实，看重现在，而不看重历史教训（Chan，1963）。他们贬低儒家对道德礼教的强调，而重视实际的成就与具体的成效。根据人性本恶与人本自私的假设，法家提醒皇帝不能信任臣下，也不能与臣下分享权威。同时，更要采取各种控制手段，来驾驭臣下。法律必须严峻，而且行之文字，公告大众周知，以便能严格执行。法家认为政府的权力就是一切，因此，强调权力的累积，臣民必须屈从政府，而且进行高压统治，严格控制思想（Chan，1963；郑伯壎、周丽芳、樊景立，2000）。

（二）仁慈领导

在儒家的理想中，两个人的角色关系是建立在相互性（mutuality）

上的。有两个原则是很清楚的：第一，上位者（如父、兄、夫、姑、君）必须以慈、爱、和、义、令，来对待下位者（如子、弟、妻、妇、臣）；第二，下位者必须尊重上位者，依循孝顺、服从、温柔、忠诚的原则，来对待长上。因此，理想的社会关系应该是仁君忠臣、慈父孝子、义夫柔妻、友兄顺弟、令姑听妇。这种上下有别、上位者必须照顾下位者的文化传统，是仁慈领导的重要来源（郑伯壎、周丽芳、樊景立，2000）。

杨国枢（1995）将中国人从家庭中学得的经验类化到企业组织的过程，称为泛家族主义（pan - familism）或类化的家族主义。应用到华人的家族企业时，企业主持人扮演着类似父亲的角色，而部属则扮演着类似儿子的角色（郑伯壎、周丽芳、樊景立，2000）。领导者必须保护与照顾部属的福祉，而部属必须忠于领导并愿意服从领导者的指导。但是，部属作为受雇者，很少完全依赖上位者或组织，上位者能够实施权威的范围是有限的，因此，上位者对下位者的仁慈可能还有"图报"的成分（Yang，1957）。由于没有明显的外力强迫上位者必须对下位者仁慈，但仁慈使下位者有亏欠、感激的感觉，并愿意从心里感激、绝对忠诚于及完全地服从于上位者，即使不在其应尽的义务范围之内。仁慈领导的文化根源来自儒家对仁君的理想。在实践中，他们进一步将上位者的仁慈用来交换部属的感恩、忠诚及服从，而这些是在互惠这一强有力的规范下进行的。

（三）德行领导

孔子相信对个人人格与美德的培养是社会的基础。从政府的角度而言，孔子强调道德规范与上位者的表率，并运用道德原则来感化与说服臣民,他并不认同法律与严刑峻法的效能。原因是这些只对外显行为有用,而不能使人民心悦诚服。因此,对上位者来说,最有用的方式是以身作则,以美德来领导,成为下位者的榜样,并加以潜移默化。帝王犹如天子,只要他以德治天下,即被认为享有无上的权力。事实上,在儒家的伦理道德规范之外,由于传统中国社会欠缺对人民的保护制度,因此强调政府官员的美德,这是一种必要的替代性方法。因为受到法家思想的影响,为维护军权及社会秩序的完整所设计的中国法律,对保护人民权力不受政府、他人或其他团体的侵犯则是漠不关心,毕竟当时中国政府的法律制度属国家的统治工具,而非人民自主(autonomy)的来源(郑伯壎、周丽芳、樊景立,2000)。由于缺乏对人民权利的保障,人民一旦离开家的范围,命运可以说完全操纵在政府官员的手里,因此品德对中国帝制下的官员就格外重要。即使在现在,以人治代替法治的倾向,仍存在于华人社会中(凌文辁,1991;Ho,1994)。德行领导的重要性自有儒家思想的根源。法律制度的不完备与人治的传统,形成了一般人对握有权力的在位者具备品德与操守的期待。

四 家长式领导的测量

在探讨家长式领导与相关因素的关系并据以验证模式的有效性方面,郑伯壎(1996)率先根据其提出的施恩与立威双元架构编制了家长式领导量表。他先通过临床研究,得到八大类立威维度与八大类施恩维度。立威包括专权作风、控制信息、强调服从、贬抑贡献、教诲斥责、要求卓越、形象修饰及隐藏意图八类行为维度;施恩则包括关怀照顾、和蔼可亲、商量咨询、维护面子、正面奖励、以身作则、工作示范及公正无私八类行为维度。此份家长式领导问卷在台湾民企的 160 位中级主管、大陆国企的 180 位厂级主管及 150 位台湾高中行政职务的科任老师中施测后，二阶探索性因子分析结果显示，施恩与立威为两大领导维度。

此研究在家长式领导量表的开发方面是功不可没的，但也存在一些不足。首先，某些题目与行为类别无法展现华人文化价值的特色。在现代组织中，领导任务的本质相同，某些领导行为有跨文化的普遍性，但家长式领导根植于家族主义和儒家传统价值，展现华人文化脉络下特有的行为，为华人组织所特有的领导形态。其次，在施恩领导中的"以身作则"维度，比较接近德行领导的行为类型，而非仁慈领导，这种概念上的模糊性必须加以避免（郑伯壎、周丽芳、樊景立，2000）。

郑伯壎、周丽芳、樊景立（2000）的研究，进一步对郑伯壎（1996）量表进行了修整，并编制了家长式领导的新量表（与原量表的内容比较见图 2－4），并同样在企业组织与教育组织中施测。确认性因素分析结果显示，在这两种性质截然不同的组织中，主管或校长在仁慈领导方面，确实呈现了对部属与老师的"个别照顾"与"宽容体谅"两种施恩行为；在德行领导方面，在部属与老师的认知中，企业主管与校长确实展现了"正直尽责"、"不占便宜"及"无私典范"三种不徇私与以身作则的道德行为；在威权领导方面，则显示了华人组织领导者对下属的"威服"、"专权"、"隐藏"、"严峻"及"教诲"五种强调个人权威与支配部属的立威行为。

此外，郑伯壎、周丽芳、樊景立（2000）的研究还显示仁慈、德行和威权领导量表，皆有不错的内部一致性；在确认性因素分析

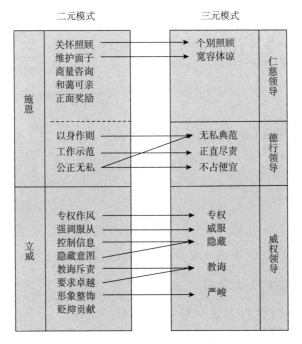

图 2 - 4　家长式领导二元模式与三元模式之比较

资料来源：樊景立、周丽芳、郑伯壎，2000。

中，企业和学校样本的因素分析结果都相当稳定且可接受。整体而言，仁慈、德行及威权领导三量表与整个家长式领导模式还算可以接受（郑伯壎、周丽芳、樊景立，2000）。但在细节上，在仁慈、德行及威权领导的概念与测量方面，仍有进一步改善的空间。

通过文献综述我们注意到，对家长式领导的测量，研究者所用的量表都源于郑伯壎、周丽芳、樊景立（2000），但是有不同的版本。似乎各研究者会根据自己的偏好来选择具体的测量题项。目前文献中呈现的至少有 42 题（郑伯壎、周丽芳、樊景立，2000）、33题（Cheng 等，2004）、22 题（Farh 等，2006）及 15 题（周浩、龙立荣，2007）等不同版本。

对华人组织有关家长式领导的研究中，研究者为何使用不同版本的量表？有以下几种可能的原因：第一，原始的家长式领导量表条目多（42 个条目），篇幅过长，导致使用不便；第二，有些测量题项与家长式领导概念的核心内容关系不紧密；第三，有些题项被认为是台湾地区所特有的，不具有普遍性；第四，有些条目被去掉是因为在特定的研究样本中，通过因子分析，出现了较高的交叉载荷；第五，有些初入学术界的研究者对家长式领导的研究文献了解不足，随意摘取题项。

在大陆研究者编制的家长式领导问卷中，以务凯、赵国祥（2009）的问卷较为规范。他们的问卷包含以下三方面内容。首先，有关德行领导的 12 个题目，主要内容涉及领导者表现出较高的个人操守与修养，以赢得部属的尊重与学习。表现的行为包括廉洁、守信、对下属一视同仁、不谋私利、正直、负责任、胸襟开阔等。其次，有关仁慈领导的 9 个题目，内容涉及领导者对下属个别、全面及长久的关怀。测量的行为包括视下属为家人、关心下属的家庭和生活、急难救助、满足照顾、鼓励辅导等。最后，有关威权领导的 9 个题目，内容主要涉及领导者强调其权威是绝对的、不容挑战的，对部属会进行严密控制，并且要求部属毫不保留地服从。表现出的行为包括对部属严密控制、专权独断、维护尊严、严厉、斥责等。

由于测量指标使用上存在差异，各研究的结果无法进行有说服力的比较。比如杨毅（2009）利用从郑伯壎、周丽芳、樊景立（2000）家长式领导量表中摘取的 15 个题项在高校教师中施测，简单根据探索性因子分析的结果，将其中的一个题项删除，称形成了新的量表。这样做显然缺乏学术研究的规范性和严谨性。同时，也很容易误导刚入学界的新人。

　　很多先前的领导研究都是在测量工具质量得到合理的检视前就进行了，这使大量研究结论的可解释性成为问题（Schriesheim，Hinkin & Podsakoff，1991）。家长式领导的研究也存在这个问题。不同作者开发出了内容各异的量表，各研究发现也存在相互冲突和难以解释之处，其重要原因之一可能就是领导量表的质量未得到合适的探究（Pellegrini & Scandura，2008）。也许能够被接受的仁慈型家长式领导或开发型家长式领导还未问世。关于目前已被使用的几个量表（Aycan 等，2000；Cheng, Chou & Farh, 2000；Pellegrini & Scandura，2006），其在心理测量属性方面并未有足够的信息。如Cheng 等（2000）提出了包括仁慈、德行和威权三维度的家长式领导概念。然而在后续的研究中，他们发现威权与其余两个维度呈负相关关系，于是得出结论：以前所说的每个维度代表三种不同的领导方式，而不是一个整体家长式概念下的子维度。他们还针对每种领导方式开发了适合华人特定文化背景的本土测量量表。这个量表在华人以外的情景中是否有效并没有得到验证。此外，Pellegrini & Scandura（2006）使用了来自 Aycan（2006）的题库中的条目来测量仁慈型家长式领导。他们将此量表置于土耳其、印度、北美的商业情景中进行了研究（Pellegrini & Scandura，2006；Pellegrini 等，2007），但其有效性在其他文化中未被验证。

　　再者，还需要进行更多研究以建立家长式领导量表和其他理论上相关联的概念之间的统计差异（Pellegrini & Scandura，2008）。Cheng（1995）提出家长式领导与领导—成员交换有些类似，但性质上并不相同，称家长式领导在本质上是高度个体性的，老板并非以同样的方式对待所有下属，而是将下属分为自己人和外人来区别对待。Pellegrini 等（2007）探索了仁慈型家长式领导与领导—成员交换之间的关系，通过验证性因子分析（CFA）建立了仁慈型家长式领导的区分效度。Cheng 等（2004）认为家长式领导与变革型领导有类似之处，因为两者都涉及"个性化关怀"。他们还针对家长式领导的独特解释力进行了探索，发现在控制了变革型领导的情况下，家长式领导的三个维度（仁慈、德行和威权）对认同、服从和感激都有额外的解释力。

五 实证研究的发现

Pellegrini，Scandura & Jayaraman（2007）通过实证研究发现，在北美环境中家长式地对待员工能够明显积极地影响员工的组织承诺。

研究表明，家长式作风在很多非西方文化中是一种有效的领导方式（Farh 等，2006；Martinz，2003；Pellegrini & Scandura，2006；Uhl-Bien 等，1990）。而在西方文化中，家长式领导则被等同于权威主义（Uhl-Bien & Maslyn，2005），虽然有证据表明家长式作风与权威主义有负相关关系（Aycan & Kanungo，1998）。在家长式领导中，主要关注点是员工的福利；领导的关怀和保护是真诚的，员工出于对领导的尊重和欣赏而对其忠诚。相反，在权威型关系中，双方的关系是建立在控制和利用上，下属表现出服从仅仅是为了避免惩罚（Aycan，2006）。因此，家长式作风与权威主义的负相关关系意味着一旦利用代替了仁慈，控制代替了关怀，这种关系就由家长作风变成了权威主义（Aycan，2006）。

很多早期有关家长式领导的研究都是将家长式作风当作一个单

维度概念展开的。这些研究发现家长式领导与众多结果变量，如领导—成员交换、工作满意度、感激之情以及目标设定等，有正相关关系（Aycan 等，1999；Uhl-Bien 等，1990）。一方面，随着 Cheng 等（2000）对家长式领导三维度描述的出现，Cheng 及其同事开始将家长式领导作为一个多维度概念来研究，研究不同维度对结果变量的不同影响。对郑伯壎、周丽芳、樊景立（2000）的家长式领导三元模式的大量研究都是在中国大陆和台湾地区进行的。另一方面，Aycan 等（1999，2000）将家长式领导作为单维度概念的研究在加拿大、印度、美国和土耳其等多国展开。Pellegrini & Scandura（2006）和 Pellegrini 等（2007）在土耳其、印度和北美的商业情景中对家长式领导进行了研究，并提出家长式领导实践可能会对不同文化背景中员工的态度产生积极影响。

在过去 20 年中，涌现出了大量有关家长式领导的研究。归纳起来，这些研究可以分为两大类：一类是有关家长式领导成因的研究；另一类是关注家长式领导所引致的结果。

（一）家长式领导的成因

尽管管理学学者们对家长式领导的研究热情日益增加，但对这些关系的成因的研究还是近期的事。Martinez（2003）对 7 名墨西哥管理人员进行实地访谈，找出了几个前因变量，如员工对社会层级的尊重、家庭式的组织氛围、与决策者的频繁互动、对个人关系的高度重视以及有限的员工决策。Martinez 还观察到，有限的规则和流程的正规化可能促进情景化决策的应用，这种方式提供了更多机会让家长式领导对员工的需要和请求做出反应。

领导—成员交换是另外一个被研究过的前因变量。Ansari 等（2004）认为在马来西亚，家长式领导只针对那些与领导有良好交互关系的员工，而且家长式领导的待遇依下属的任务成绩而定。近期来自土耳其的实证研究也发现，领导—成员交换的质量与家长式领导有显著关系（Pellegrini & Scandura，2006）。Pellegrini & Scandura（2006）认为，家长式领导隐含着自愿性服从，因此，那些在与领导的关系中感受到高度信任、对领导感激和尊重的下属（高 LMX）更有可能接受上司作为父亲角色的权威。再者，家长式领导需要领导一方的投入，因此，领导可能更愿意对那些与自己的互动关系良好的下属进行投入。然而，还需要更多的研究分别从领导和下属的角度去更好地理解家长式关系的动态性，因为不同的变量可能对领导和下属有着不同的重要性。再者，探讨家长式关系纵向发展的研究也非常有价值。

（二）家长式领导的影响

从研究内容看，迄今为止，大部分有关家长式领导的研究都集中在探讨其影响上。家长式领导对下属的认知、态度和行为影响的研究关注点主要集中在对员工的角色内绩效、组织公民行为以及工作态度等方面的影响。这些作用的机制是通过改变员工的认知—激励状态来实现的（Farh 等，2008）。

从研究方法看，大部分研究所采用的方式都是实地调查研究。Uhl-Bien 等（1990）认为日本员工对家长式领导给予高度赞赏，公司的家长式领导对日本企业系统的有效运作起着重要作用。他们认为家长式领导能够提升管理者和员工之间的相互信任水平，促进组织范围内的合作，有助于团队和谐等。他们还发现家长式领导与正式及非正式职业生涯投资、良好的领导—成员关系以及员工的工作满意度有显著的正相关关系。考虑到家长式领导在日本情景中的有效性，Uhl-Bien 等（1990）呼吁提出在西方情景中的相应概念，而不是在西方情景中直接研究家长式领导，因为他们认为家长式领导隐含着服从和依附，因此在北美情景中不会有效。Pellegrini & Scandura（2008）也赞同此观点，认为开发型家长式领导在美国不会有效，因为它强调高权力距离和隐含着强迫性的服从和依附，但他们认为仁慈型家长式领导可能是跨越文化边界而有效的领导策略。Ouchi（1981）提出仁慈型家长式领导在北美情景中可能产生更高的士气和更高的忠诚度。另一项早期有关家长式领导的实证研究是由 Mathur 等（1996）在印度进行的。他们发现家长式作风是一项高度显著的文化维度，其显著性在公私企业中并无明显差异。Aycan 等（1999）在这些早期研究的基础上，比较了印度和加拿大商业组织的组织文化和人力资源实践，发现印度员工比加拿大员工更加看重家长式领导。他们还发现家长式领导、权力距离、不确定性规避以及对群体的忠诚之间有很强的正相关关系。他们还发现家长式领导与员工的反应敏感性和感激之情正相关，继而影响联合决策。此外，家长式领导与先行性和内控之间呈负相关关系，继而引起低自主性、低授权、低绩效奖励。更后来的一项研究（Aycan 等，2000）比较了十国的四个社会文化维度（家长式领导为其一）对工作结果的影响。他们发现，与以色列、德国、罗马尼亚、俄罗斯以及加拿大相比，印度、巴基斯坦、中国、土耳其以及美国在家长式价值观上得分更高。除了罗马尼亚、美国和中国，家长式领导对感恩有积极影响。在德国、以色列、罗马尼亚、俄罗斯和中国，家长式领导对员工先行性有负面影响。Aycan 等（2000）表示家长式领导（与宿命论、权力距离和团体忠诚相比）使这些国家产生了最大差别。

威权领导与下属的一些行为呈负相关关系，如团队成员对团队领导的承诺和满意度（Cheng, Huang & Chou, 2002），领导忠诚、领导信任以及组织公民行为（Cheng, Shieh & Chou, 2002）。相反，仁慈和德行领导之间则呈正相关关系，同时也与下属的领导认同、领导服从、领导感激呈正相关关系（Cheng 等，2004）。

家长式领导在中国企业情景中的研究随着郑伯壎、周丽芳、樊景立（2000）的研究而兴旺。然而，后续的研究一致发现威权领导与其他两个维度以及一些下属结果负相关。研究认为专权会激起愤怒情绪（Wu, Hsu & Cheng, 2002）和下属对主管的畏惧（Farh 等，2006），还会对团队互动产生负面影响（Cheng, Huang & Zhou, 2002）。另外，Farh 等（2006）发现专制主义与下属对主管的畏惧积极相关，继而与组织承诺负相关。相反，仁慈和德行被发现与对团队领导的满意度、团队承诺（Cheng, Huang & Zhou, 2002）、组织承诺（Farh 等，2006）、领导忠诚、领导信任、组织公民行为（Cheng, Shieh & Chou, 2002）、认同、无条件服从以及感激等都积极相关（Cheng 等，2004）。

首先，郑伯壎等（2003）发现家长式领导三元模式具有跨不同华人地区的类推效度（generalizability），并证明了在控制西方对应领导概念后，家长式领导对部属反应与态度（包括本土忠诚、西方忠诚、领导满意度、工作满意度和组织承诺）具有额外的解释力。表示家长式领导的确有别于西方领导，能彰显本土领导的特色。而其在某些结果变量上，如本土忠诚与组织承诺，家长式领导的净解释力比西方对应领导更强。其次，证实了家长式领导三元素对部属反应与态度均具有正相关效果，尤以德行领导的效果最强。再次，再次证实了恩威并施的领导方式，对部属之本土忠诚（对主管的忠诚）具有正向效果，此结果肯定了过去台湾地区的研究发现（Cheng，Huang & Chou，2002；郑伯壎，1996；郑伯壎、周丽芳、黄敏萍，2001）。从仁慈、德行与威权领导的主效果来看，恩、威、德皆低的放任式领导还是最不好的领导方式。最后，部属对服从权威的态度（权威取向）差异，并未影响到威权领导行为对结果变项的效果，这一点与台湾地区的发现不一致。

Redding（1990）认为自主性和独立性强的下属可能会拒绝家长式领导。相应地，后续的几项研究将下属的传统性作为调节变量（Yang，Yu & Yeh，1989）。Cheng 等（2004）发现对于高传统性的下属，威权领导与认同、无条件服从、感激等都呈正相关关系，而对于低传统性的下属，威权领导与这些变量呈负相关关系。传统性并不与仁慈或德行交互作用影响下属的结果。后来的一项研究也发现威权领导显示出对高权威取向的下属具有积极影响（Cheng 等，2004）。更后来的研究发现与前面的发现一致，Farh 等（2006）发现领导威权与低传统性的下属对主管的满意度的负相关关系比高传统性价值观的员工更强。

家长式领导对下属产生的效果，受到下属个人传统价值观的影响。但对于具体的影响，实证研究的发现并没有取得一致的结论（Farh，2008）。此外，家长式领导对下属产生效果，还受到下属控制感的影响，内控倾向性强的员工受到威权领导的影响较弱。因为内控倾向性强的员工不太追随领导的威权，因而威权领导对其影响较弱（周浩，2007）。

另一个已被纳入研究的调节变量是下属的依赖性。Farh 等（2006）发现对主管有资源、福利和工作内容依赖的下属对威权领导的反应要比那些依赖程度低的下属更为积极。下属对主管的依赖程度越高，威权领导与下属对主管的畏惧感之间的正相关关系越强。Chou，Cheng & Jen（2005）还研究了情感依赖和工作依赖。情感依赖是关于下属在打交道过程中在乎主管的评价并希望寻求主管支持的程度；而工作依赖是关于完成工作和获得绩效奖励所需的物质资源（Cheng，1995）。结果表明，在情感依赖和工作依赖程度低的下属身上，威权领导与主管忠诚、组织公民行为以及工作绩效呈负相关关系，而对于依赖程度高的下属来说，则略成正相关关系。

于海波、郑晓明、李永瑞（2009）研究认为，对于推动组织学习来说，高仁慈、高德行和一定水平的威权领导方式是最佳的。具体来说，高仁慈和高威权领导对于开发式学习和利用式学习都是最好的，低仁慈、高威权对于开发式学习是最不利的，而对于利用式学习，则低仁慈、低威权的领导最不利。也就是说，对开发式学习而言，更需要的是仁慈领导，而对于利用式学习，威权领导也有一定程度的推动作用。这表明，知识的开发更需要宽松的领导环境，而领导者适当的威权对知识的利用也有推动作用（于海波、郑晓明、李永瑞，2009）。德行领导与威权领导对利用式学习的交互作用则与以上两者不同。对于高威权领导，德行领导对利用式学习的作用受到限制，只有在威权领导水平低的情况下，德行领导才可以更好地发挥对利用式学习的推动作用。这表明，德行领导在影响利用式学习时，需要避免高水平的威权领导，因为威权领导会极大地抵消德行领导对利用式学习的推动作用（于海波、郑晓明、李永瑞，2009）。

家长式领导是亚太地区商业情景中的重要领导范畴（Dorfman & Howell，1988）。此外，针对拉丁美洲和中东的有关家长式领导的研究文献的涌现，使得家长式领导成为这些文化情景中普遍存在的管理策略（Ali，1993；Aycan 等，2000；Ayman & Chemers，1991）。在拉丁美洲，人们为他人做事主要是因为个人关系。雇主可以依靠员工履行工作任务，因为员工对雇主有一种个人忠诚感（Osland，Franco & Osland，1999）。正式的工作描述不足以确保服从或服务。Albert（1996）认为在拉丁美洲，成功的管理方法是家长式作风，即对员工的个性化关怀。拉丁美洲和中东都属于集体主义文化（Hofstede，2001；House 等，2004），在这类文化中，家庭纽带、对家庭成员的忠诚和感激意识在组织生活中显而易见（Olsand 等，1999）。根据 Dickson，Den Hartog & Mitchelson（2003）的研究，发展中国家的文化倾向于显示出高权力距离、很强的家庭纽带感、期望组织照顾员工及其家庭成员等特征。在这样的商业情景中，员工希望老板对他们工作以外的生活感兴趣（Pellegrini & Scandura，2006）。

许多有关拉丁美洲的家长式领导研究都是在墨西哥进行的，在该国，家长式领导是一种普行的管理方式（Martinez，2005）。Martinez（2005）认为个人关系在墨西哥社会受到高度重视，体现在员工希望与领导频繁地交往上。她认为从与领导的频繁而又亲近的交往中所获得的利益会扩散到员工的绩效和工作的高质量上。

　　针对中东的研究主要出现在土耳其，家长式领导在此国是一种很普遍的领导方式（Aycan 等，2000；Pellegrini & Scandura，2006）。尽管大多数研究都是在土耳其一国进行，但伊斯兰教的统一功能在创造中东的共享文化方面发挥着举足轻重的作用。再者，奥特曼帝国（如今的土耳其）的出现驱使该地区朝向社会文化价值观的共同性方向发展（Dorfman & House，2004）。比如，领导的概念在中东根植于传统军队的概念（Scandura，Von Glinow & Lowe，1999），而传统军队概念又加强了威权领导实践。因此，Pellegrini & Scandura（2006）提出在经济不稳定的环境中，员工感受到安全和受保护是非常重要的，这使得家长式领导在经济不稳定时期成为一种有效的管理方式。最近，Pellegrini & Scandura 发现家长式领导在土耳其的商业环境中与员工的工作满意度存在很强的正相关关系。在另一项研究中，Pellegrini 等（2007）发现仁慈型家长式领导在北美的环境中与组织承诺呈正相关关系，这暗示着仁慈型家长式领导在西方商业情景中同样具有价值。

　　家长式领导除了对员工态度和行为结果产生效果之外，在组织层面和管理层面也有所裨益。有些研究指出，家长式领导实践可以通过增加员工的灵活性（Padavic & Earnest，1994）、降低离职倾向（Cheng 等，2002；Kim，1994）、降低成本和增加控制（Padavic & Earnest，1994）、提升工作绩效（Chou 等，2005）以及提升组织承诺（Farh 等，2006）等方式使组织受益。尽管如此，与家长式领导相关的组织层面的结果，其理论发展还是有很大空间。比如，通过制度理论（Meyer & Rowan，1977）可以较好地理解家长式领导实践是否更频繁地出现在特定的组织结构类型中，如官僚型组织，或者创业型组织。

六 家长式领导研究评述

家长式领导广泛存在于各种华人企业组织和团队中，而非仅仅为家族企业所独有，是华人文化背景下组织的普遍特征（Cheng & Huang，2002；Cheng，2004；周浩、龙立荣，2005）。家长式领导的概念提出之后，港台研究者对其影响效果做了大量研究，结果表明，家长式领导对华人组织中员工的心理和行为（包括对领导的忠诚、对领导的满意度、工作满意度、组织承诺、组织公民行为等）有独特的解释力和作用（郑伯壎等，2003；Cheng，Chou，Huang 等，2004；郑伯壎、谢佩鸳、黄敏萍，2002；吴宗佑、徐玮伶、郑伯壎，2002）。总体来看，仁慈领导、德行领导对下属的心理与行为具有积极影响，而威权领导则有消极影响。

从家长式领导研究文献来看，其概念在使用上还存在模糊性。研究者们关于家长式领导的不同视角并非根源于东西方学者的认知差异，而是由于缺乏足够的概念清晰性（Pellegrini & Scandura，2008）。顾名思义，构念就是研究者构建出来的，因此构念效度在科学研究的推广性方面是个关键的问题（Nunnally & Bernstein，1994）。确保家长式领导构念效度的第一步是明确与此构念相关的可观测变量的范围。通过文献回顾，我们发现不同的研究者对于整体家长式领导构念的所指有所不同，还有一些研究者则干脆指的是不同的领导构念。然而，他们都引用"家长作风"或"家长式领导"来表达。比如，Uhl-Bien & Maslyn（2005）提出家长式领导是"有问题，不受欢迎的"，而 Pellegrini & Scandura（2006）则称家长式领导是一种"有效的策略"。这种差异源于这些研究者所关注的是不同的领导构念，因为 Uhl-Bien & Maslyn 研究的是"权威"，而 Pellegrini & Scandura 关注的则是"仁慈"。而这两项研究都引用家长式领导来作为其感兴趣的构念，尽管他们实际上探讨的是截然不同的领导范畴（Pellegrini & Scandura，2008）。

过去 20 年来，有关家长式领导的研究不断增多，可是，相对于丰富的理论研究而言，实证性的研究却显得有些落后（Pellegrini & Scandura，2008）。有关此领域的研究，健全的研究方法和严格的概念都非常需要。

就其交互效应来看，相关的研究则较单独维度的影响研究要少。郑伯壎等（2003）研究表明，当考察下属的反应与工作态度时，仁慈与德行领导之间存在负交互效应，即在高仁慈高德行、高仁慈低德行、低仁慈高德行三种情况下，下属的反应差不多，但低仁慈低德行的情况差距很大，表示当领导者只要展现仁慈和德行中的某一成分时，其对结果变量的效果即可大为提升（郑伯壎等，2003）。但考察仁慈与威权领导的交互效应时，郑伯壎等（2003）的研究表明，在下属的反应与工作态度上，两者存在正交互效应。当高威权的领导者展现高仁慈的行为时，下属有最积极的反应；反之，当高威权领导者展现低仁慈的行为时，下属反应最消极（郑伯壎等，2003）。当考察德行与威权领导的交互效应时，郑伯壎等（2003）的研究表明，在下属的反应与工作态度上，两者存在负交互效应。当上级表现出低德行时，高、低威权领导之间有显著差异；当上级表现出高德行时，差异则不明显（郑伯壎等，2003）。研究还表明，德行是家长式领导的核心（周浩、龙立荣，2005）。凌文辁等（1987，1991）的一系列研究表明，对中国人而言，领导者的德行非常重要，只要行为的动机是善良的，即使有一些不喜欢的行为（指高威权），员工也会谅解，并不影响组织公正感；当上级表现出低德行时，其是否强调威权就凸显出来了（凌文辁、陈龙、王登，1987；凌文辁、方俐洛、艾卡儿，1991）。

在方法上，健全的测量是研究发展的基础（Hinkin，1995）。很有趣的是，不像其他组织行为学和领导研究方面的量表都是在美国开发的，家长式领导的量表是在其他国家开发出来后译成英文，用于跨文化的研究中。因此，量表测量的对等性测评是构念效度检验过程的重要步骤。有必要对各种不同的家长式量表进行比较以确定它们之间的相关程度，并明确哪些量表测量的是家长式领导的某些方面，而哪些不是在对家长式领导进行测量。对聚合和区分效度的研究也是很有必要的，通过这种方式可以比较家长式领导和其他相关领导构念之间相似或相异的程度。有些家长式领导的构念似乎有其他构念掺杂其中，如组织承诺和授权（Aycan，2006）。厘清家长式领导的范畴显然是很有必要的。目前，各研究者似乎是将这些量表分开来使用，但需要有研究去证实结构法是不是更加适合的研究方法。Meyer 等（1993）认为绝大多数领导理论采用的是简化论，即聚焦在几个有限的变量上，将它们的关系视为决定论的（deterministic）。他们提出用另一种方式将领导作为一种多元化现象，分析领导与其所处环境的关系以及他们所取得的结果，将这些作为一种结构性问题加以探讨。对这些问题的关注就将领导研究由单变量和双变量向互惠性和非线性关系的多维变量分析过渡（Meyer 等，1993）。总之，在家长式领导量表的心理属性被更多了解之前，大量严谨的研究是很有必要的。

　　在理论方面，同样有提高的空间。家长式领导的研究在过去 10 多年来正在走向成熟，但是更多有关家长式领导的结果方面的研究依然非常需要。特别是家长式领导对绩效的影响，以及不同的家长式领导风格对绩效可能产生的不同影响，都需要加以研究。比如，需要进一步探讨仁慈领导是否比威权领导与绩效的关系更强。另外，交互效应应该得到研究，也许仁慈与威权可以形成互补。如果使用郑伯壎等（2000）的概念化操作，即包括仁慈、德行、威权三维度，可以探讨更为复杂的三项交换效应（Pellegrini & Scandura，2008）。

　　家长式领导是一个新兴而迷人的研究新领域。对于所有新概念来说，在进行大量实质性研究之前，需要关注概念化及其概念的测量问题。仔细审视现存的各种不同的量表，发展出一致性的量表以使未来的研究之间可以进行比较，对家长式领导研究的发展十分有益。已有的研究表明，威权领导的内容在有些家长式领导的概念化中还需要仔细考察，因为在特定的文化中，对平等看得较重，威权可能受到质疑。相反，仁慈领导可能更容易传播，更具有实践性启示。很显然，对工作场所的仁慈领导还需要进一步研究。

　　有研究对家长式领导的结果进行了探索，但家长式领导的成因同样需要关注。对墨西哥七位领导的实地访谈表明，家长式领导可能存在结构性的成因。然而，LMX 是唯一被作为家长式领导成因进行过研究的变量。文献回顾显示，家长式领导在管理研究中是个新兴领域，有证据支持在几种不同的商业文化中（中东、拉丁美洲、亚太地区），家长式领导都与积极的工作态度有关系。有必要考察家长式领导与绩效和离职的关系。已被作为调节变量被考察的有个体性差异（控制点和传统性）。对非个人层面的调节变量的研究显得有些稀缺，其中一项研究考察了团队过程。值得注意的是，目前缺乏对组织文化和组织结构的研究，而这两者似乎是重要的情景性调节变量。

第四节　家长式领导、员工创造力和创造力自我效能感

威权领导使下属产生畏惧，这种消极情绪可能驱使下属付出加倍的努力去提升自己的工作质量，以赢得领导的认可，从而减少恐惧和害怕感，这与 George & Zhou（2002）的研究发现相符。

促使员工发挥创造力，很关键的一点是领导要从行动上表达对创造性行为和创造性结果的重视和期待（Amabile，1996）。一些研究试图发现鼓励员工发挥创造力的领导行为。提供奖励和认可反映了对员工创造性努力和结果的欣赏，已有研究表明这种来自领导的认可对员工发挥创造性很重要（如 Tierney，2003；Tierney & Farmer，2002，2004）。由于创造性过程充满了复杂性和不确定性，因此员工对创造性工作的高度自信和高效能感是必不可少的（Ford，1996），而领导在其中扮演着重要的支持性角色。少量研究探讨了领导在提升员工创造力自我效能感方面的作用，并发现领导能够提升员工对自己在解决问题中的创造性的认识（Redmond 等，1993）。使用目标设置是另一个表达对创造力的重视和期待的方法，同时成为创造性工作的激励因素（Shalley 等，2004）。有研究表明领导通过鼓励员工设立创造性的具体目标来诱发其创造性行动（Tierney，2003；Tierney & Farmer，2004）。

由于创造性的工作需要员工在工作中拥有灵活性、能够冒险和勇于探索，因此，当员工感觉到来自领导的关怀和呵护时，他们将会更有效且更专注地去应对不确定性，这对创造力的发挥非常有利

（Kahn，1998）。

对于主管与员工的关系是否与员工发挥创造力有关，一项研究表明与直接主管的支持性关系会影响员工在工作中的创造性绩效（Madjar 等，2002）。LMX 理论关注主管与直接下属之间发展起来的一对一的个人关系。这方面的研究发现，领导和员工之间发展出高质量的关系会促使员工在工作中表现出更高水平的创造力绩效（Basu & Green，1997；Scott & Bruce，1994；Tierney，1992，2000；Tierney 等，1999）。LMX 的本质使这种一对一的关系似乎成为员工创造性行动的自然渠道（Scott & Bruce，1994；Tierney，1992，1999）。员工在工作中超出常规绩效要求是感受到高质量的领导与成员关系的一个显著特性（Graen & Scandura，1987），这些员工会比那些感受到较低质量的领导与成员关系的员工投身到更多更具挑战性的相关工作任务中（Liden & Graen，1980）。一项研究发现感受到高 LMX 的员工也同样会感受到工作中的授权，继而与创造性绩效相联系（Tierney，2000）。高度支持冒险、提供资源、奖励以及鼓励这些高质量的 LMX 关系所固有的属性，对于创造力来说也同样必需（Amabile，1988）。所以，高 LMX 的员工感觉到他们的工作环境是支持创新性工作的也是很自然的事（Scott & Bruce，1994；Tierney，1992）。最后，由于高 LMX 的人际支持性，员工应该感受到对创造性行动有益的自在、信任和安全（Tierney，2008）。

创造力自我效能感是指个人对自身能够创造出创新性成果所具有的知识和技能的信心（Tierney & Farmer，2002）。创造力自我效能感基于个人在创造性方面的知识和技能，因为对自身效能的信心可以通过提升自我竞争力的知觉来促进内在激励（Bandura，1986；

Deci & Ryan，1985）。研究发现，创造力自我效能感在很多不同的任务领域都是关键的绩效驱动因素（Bandura，1986，1997）。

第五节 文献评述和总结

通过对员工建言、员工创造力、家长式领导及其关系研究的文献回顾，我们可以得出以下结论。首先，自从 Hirschman（1970）开创对员工建言的研究以来，对员工建言的研究主要从探讨员工建言的含义、特征、结果、心理机制和影响因素等方面展开，取得了较为丰富的成果。但对建言的先导因素的实证研究依然是个新兴的领域。虽然已有研究已经明确了几个值得注意的预测因素，但还需要更多研究去考察其他重要的先导因素。同时，还需要更多研究以厘清文献理论推导与实证发现的不一致，以及不同实证研究发现的不一致。其次，研究者们积极投入对组织创造力的研究始于 20 世纪 80 年代后期。组织管理中对员工创造力的研究主要围绕探讨创造力的含义、理论构建和实证检验而展开。有关领导行为与员工创造力的研究为数不多。这些研究很多采用的是实验研究，研究发现或结论也各异，甚至相互冲突，有待进一步研究。再次，家长式领导构念的提出是基于华人文化背景。已有研究集中在探讨家长式领导的含义、文化渊源、构念的测量和影响结果。从家长式领导的研究文献来看，其概念在使用上还存在模糊性。相对于丰富的理论研究而言，实证性的研究显得有些落后。对此，健全的研究方法和严格的概念构建非常需要。最后，创造力自我效能感的研究文献并不丰富，我们只能根据逻辑推断它会对员工创造力产生影响，尚需要进一步实证证据的支持。

第六节　理论框架和研究假设

　　员工建言和员工创造力对于组织的变革和创新都是极为重要和必不可少的。文献回顾告诉我们，这两种行为在组织中的出现，受到员工个体和环境因素的复杂影响。领导作为工作环境因素，对员工建言和员工创造力发挥着不可忽略的作用。镶嵌在华人文化背景中的家长式领导，包括仁慈领导、德行领导和威权领导三大组成成分，被证明普遍存在于当代华人企业中。这种与中国文化紧密相连，或者说中国文化背景下特有的领导作风，会对员工的众多行为产生影响。然而，关于它们与员工建言和员工创造力的关系，却鲜有讨论（Wang & Cheng，2010）。

　　由于家长式领导的三个组成成分的相关性比较复杂，而且下属对其反应也各异，所以，本研究将分别讨论家长式领导三个组成成分各自与员工建言和员工创造力的关系。

　　作为一种具有文化特殊性的主管支持，仁慈领导有可能引起下属的感恩和图报之心，下属除了表现出良好的角色内绩效外，还可能付出额外努力。同时，仁慈领导在下属心目中可能培养起一种心理安全感，这是创造力和建言所必需的，因而仁慈领导有可能激发下属的创造力和建言行为。因此，本研究提出如下假设。

　　假设1（H1）：仁慈领导对员工建言有正向预测作用。

　　假设2（H2）：仁慈领导对员工创造力有正向预测作用。

　　德行领导由于表现出高尚的个人操守与修养，能够做到以身作则、公私分明及公平对待，除了可以赢得下属的敬仰和效法外，下属还会感受到较多的公平和受尊重，并产生较多自制、负责任的行为（郑伯壎、谢佩鸳、周丽芳，2002）。当下属觉察到工作中有需要改进之处时，有可能会建言或表现出创造力。由此，本研究提出如下假设。

假设 3（H3）：德行领导对员工建言有正向预测作用。

假设 4（H4）：德行领导对员工创造力有正向预测作用。

威权领导强调其权威是绝对的、不容挑战的，对下属进行严密控制，并要求下属毫无保留地服从，因而下属会表现出敬畏和顺从（Farh 等，2008）。实证研究也表明，领导者的威权行为及为展现威权领导所呈现的负面情绪，都会引起下属的愤怒等负面情绪，并对领导满意度或工作满意度产生负向的影响（李佳燕，2001；吴宗佑、徐玮玲、郑伯壎，2002）。因为员工的建言行为及其创造力的发挥都需要一种安全和宽松的心理氛围，而威权领导所引起的敬畏和恐惧感有可能抑制这种安全感，因此，不利于员工建言及其创造力的发挥。因此，本研究提出如下假设。

假设 5（H5）：威权领导对员工建言有负向预测作用。

假设 6（H6）：威权领导对员工创造力有负向预测作用。

家长式领导与员工建言和员工创造力的关系模型如图 2 - 5 所示。

强自我效能感是发挥创造性和发现新知识的必要条件（Bandura，1997）。自我效能感概念对理解组织环境中的创造性活动非常有帮助。Ford（1996）在他的个人创造性行动模型中将自我效能感作为关键的激励因素。根据自我效能感和创造力文献发展而来的创造力自我效能

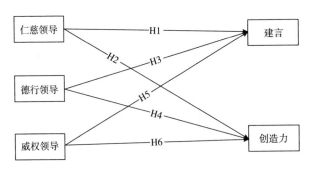

图 2-5　家长式领导与员工建言和员工创造力的关系模型

感,是工作场所与创造力有关的关键个人因素,它受众多个体和环境因素的影响。研究表明,主管的行为是其中一个重要的环境影响因素 (Tierney & Farmer, 2002)。个人在形成自我效能感的过程中,会从任务环境中搜寻信息 (Gist & Mitchell, 1992)。同样,个人创造性参照系的发展也不是孤立的 (Drazin 等, 1999)。员工依靠工作环境中其他成员的线索来形成与创造性行为有关的看法,包括对自我能力的看法 (Ford, 1996)。主管被认为是员工自我效能感形成过程中不可缺少的影响因素 (Eden, 1990)。信心建立行为被认为是有效管理员工创造力的必须要求 (Amabile & Gryskiewicz, 1987)。主管在 Bandura (1986) 所提出的个体两种方式的学习中发挥着潜在的作用:一种是感应式学习 (vicarious learning), 或称模仿学习 (modeling);另一种是言语性说服。主管的角色示范是创造力的基本情景因素 (Amabile & Gryskiewicz, 1987), 它对开发应对复杂而具挑战性活动所必需的效能感非常关键 (Bandura, 1997)。仁慈领导通过对下属表现出个性化的关怀和宽宏体谅,可能被下属解释为因为自己能力强,所以受到主管的信任和呵护,这种感知反过来促使下属在工作中加倍付出努力,有可能创造出额外的具有创造性的绩效。

同理，在员工建言的个体影响因素中，建言的能力和效能感应该是很重要的。因为，在个人实施建言行为前，他必须首先具有提出改进建议的能力，以及将自己的想法传递和沟通给他人的信心。因此，本研究提出如下假设。

假设 7（H7）：员工的创造力自我效能感对仁慈领导与员工创造力的关系起中介作用。

假设 8（H8）：员工的创造力自我效能感对仁慈领导与员工建言的关系起中介作用。

创造力自我效能感的中介作用模型如图 2 - 6 所示。

图 2 - 6 创造力自我效能感的中介作用模型

第三章

研究方法

第一节　研究对象

　　本研究采用方便抽样的方式搜集获取数据。数据采集自广东省东莞、深圳、中山三市，以及江苏省江阴市的 18 家企业组织的 391 名各级员工及其直接上级管理者。样本企业员工规模是 35～2500 人。涵盖制造、通信、IT、酒店、金融（银行和保险）、广告制作、景观设计、建筑设计等行业。在制造业企业中，在抽样时，将生产线的操作员工排除在外。因为根据与样本企业人力资源部经理的沟通，生产线操作员工的工作性质以及学历构成不太符合本研究抽样的要求。具体来说，本研究所抽样的制造业企业都是采用机器控制的流水线作业，员工都是按流程操作，几乎没有机会提出建议或表达自己的创意，而且这些员工中初中及以下学历者占多数，可能对理解问卷调查的内容有些困难。问卷填答者包括上述组织的各级员工及其直接上级主管，他们在工作中均有直接报告关系。员工负责评价自己的创造力自我效能感、组织对创造力的期望、其直接上级主管的家长式领导、与现任直接上级主管的上下级关系年限、员工自己的人口统计学特征。主管负责评价其直接下属的创造力、承担责任情况、建议，以及主管自己的人口统计学特征。每个管理者评价的下属员工人数为 1 ~ 6 位，大多数同一位管理者评价的下属员工人数为 2 ~ 3 人。回收员工（下属）问卷 543 份，管理者问卷 435 份。通过对回收的员工问卷和管理者问卷进行配对，得到配对问卷 423 份，再对配对问卷进行填答情况的核查，将填答缺失较多的剔除，对剩余的 410 份配对问卷进行录入。之后，对录入的数据进行清理，将不符合要求的样本，包括一题多选的，漏选的，上级或下属的公司任期、上下级关系持续时间在半年以下的，均做删除处理，最后得到有效配对问卷 391 份，进入后续的统计分析。样本的人口统计特征分布情况如下。①下属情况：男性占 59.6%，女性占 40.4%；平均年龄为 31.9 岁；大部分为本科学历；平均司龄 5.5 年，平均岗位任期 4 年 2 个月；②直接上级情况：男性占 67.5%，女性占 32.5%；平均年龄为 35.7 岁；大部分为本科学历；平均司龄为 7.5 年；平均岗位任期为 4 年；平均上下级关系年限为 2 年 9 个月。

通常而言，样本量越大，样本结构越有代表性，实证研究的效果就越好。然而在实际研究过程中，由于受时间、精力、财力、人力等诸多因素的影响，样本的选择只要达到可接受的程度就可以了。但至于什么是"可接受程度"，学界也有不同的看法。如 Nunnally（1978）认为样本量至少应该是量表测量题项数量的 10 倍，有些学者则认为应当是 5 ~ 10 倍（张文彤，2002），还有学者认为 3 倍左右就足够了（Gorsuch，1997）。

第二节　研究数据的搜集

本研究的问卷由下属问卷（员工问卷）和上级问卷（管理者问卷）配对而成。本着遵循学术道德、保护受调查者的隐私以及提升拟搜集数据真实性的原则，本调查采用了能想到的多项措施。

第一，在设计问卷时，将问卷填答者的姓名以及被评价的下属或直接上级的姓名都填写在问卷填写说明页上，以便问卷发放和填答者阅读，并在此页显要位置用较大号的黑体字注明了"为确保匿名性，此页无须提交，请撕下自行处理"字样。

第二，为回收问卷后能够正确配对，在每份问卷最后一页的背面非显要位置标记了编码。下属问卷的编码与其相对应的管理者问卷的编码相同。具体来说，每份问卷的编码由 2～3 位整数构成：左边第一位数是下属员工的编号，第二位（或者第二和第三位）是管理者的编号。例如，编号 "15" 代表第 5 位管理者的第 1 号下属，"415" 则代表第 15 位管理者的第 4 号下属。

第三，在问卷调查之前，事先与调查企业的高层管理者商妥，确保问卷回收后，公司任何人不得索要问卷查看填答结果。在问卷填答现场，由本书作者或本书作者培训过的非调查对象企业的代理人去主持问卷填写和回收工作。在广东省范围内的企业问卷调查都是由本书作者亲临现场主持填写并当场回收的，江苏江阴市的两家企业是由作者聘请的代理人去主持和回收问卷的。该代理人事前经过本书作者的培训，对问卷调查的目的、注意事项以及操作流程都非常熟悉。所有问卷填答者填写完问卷之后，都要求亲自将问卷装入由本书作者提供的信封，并当场密封，再提交给作者或作者的代理人。江苏省江阴市两家企业的问卷是由作者的代理人回收后统一邮寄给作者的。

第三节 变量的定义与测量

本研究使用的问卷一部分是原问卷就是中文版的，如家长式领导的三个组成成分。另一部分问卷原版是英文问卷，我们根据Brislin（1986）所建议的翻译和回译方式，得到中文版的问卷。由于中国员工在做问卷调查时，有可能倾向于做出中立的选择（Yang & Chiu，1987），即不表明自己的态度，尤其是当要求下级对上级进行评价时，出现这种结果的可能性更大。因此，我们将家长式领导的量表设计为里克特六级量表，以避免产生中立的答案，其余量表设计为里克特七级量表，这样也与相关文献保持一致。

一 控制变量

本研究将年龄（以岁数为计算单位）、性别（1 = 男，0 = 女）、受教育程度（1 = 初中及以下，2 = 高中或中专，3 = 大专，4 = 本科，5 = 硕士，6 = 博士及以上）、职位级别（1 = 基层员工，2 = 中层管理者，3 = 高层管理者）、组织任期（以月计算）、行业（1 = 制造业，0 = 服务业）等作为控制变量。因为，这些人口统计变量在先前的创造力研究和员工建言研究中被控制了（Madjar 等，2002；Scott & Bruce，1994；Shin & Zhou，2003；Tierney & Farmer，2002；Gong，Huang & Farh，2009）。也有研究认为，员工的人口统计特征可能对其建言行为构成潜在影响。例如，任期长的员工可能比新员工对"说出来"感到更加自在（Stamper & Van Dyne，2001）。

另外，我们从人力资源部收集到关于管理者和员工的岗位任期和公司任期的数据。与上级的关系年限由下属及其直接主管同时分别填写，数据处理发现两者所提供的数据不一致的，向人力资源部求证，以人力资源部提供的数据为最终分析的依据。

在组织创造力的文献中，常常使用主管评价来测量创造性行为（Jones，1964；McDermid，1965；Oldham & Cummings，1996；Scott & Bruce，1994；Tierney，Farmer & Graen，1999；George & Zhou，2001）。理想的做法是在运用主管评价的同时，也收集客观测量的信息，比较两者的一致性程度。但是本研究的研究对象，都无法提供客观的创造性绩效数据。不过，许多同类的研究已经表明主管的评价和客观数据的一致性（Keller & Holland，1982；Oldham & Cummings，1996；Scott & Bruce，1994；Tierney 等，1999）。具体来说，Tierney 等（1999）发现主管对员工创造力的评价与该员工实际的发明和研究报告数量显著正相关。另一个例子是，Scott & Bruce（1994）发现主管的评价与员工的发明数量显著相关，并使用了主管评价来验证其假设。

性别是重要的控制变量，因为有证据显示，主管期望不同性别的员工会投入不同的积极主动行为中去，因此会针对性别进行差异化归因（Kidder & Parks，2001）。年龄和工作期限是重要的控制变量，因为年长的、有经验的员工，可能知识和技能更加丰富，更可能有效地投入积极主动行为（Grant & Ashford，2008）。Van Veldhoven 和 Dorenbosch（2008）发现年龄与员工的积极主动性积极相关。

本书所使用的绝大部分量表是来自著名学术期刊所使用过的量表，其信度和效度都经过实证的检验。而且只要是在大陆使用过的量表并正式发表了研究论文的，本书作者都想尽办法通过电子邮件联系到相关研究的作者，请其将量表的中文版发给本人，这样避免了翻译不准确导致的测量偏差。如果实在找不到中文版的，就按照惯常的翻译和回译的方式进行了处理。

二　因变量、自变量与中介变量

（一）员工创造力

本研究对员工创造力的定义是指员工所想出的有关产品、流程、管理方法等方面的新颖而有用的主意（Amabile，1988，1996；Oldham & Cummings，1996）。采用 Zhou 和 George（2001）的创造力量表，共 13 个条目。以往研究显示该量表有很好的心理计量特性（psychometric properties）。测量题目如"能够对达成目标提出新的建议"，"能够提出想法并争取他人的支持"，"能对问题有创造性的解决办法"等。采用里克特七级量表，1 = 非常不同意，7 = 非常同意。将 13 项得分平均构成创造力量表的得分（$\alpha = 0.95$）。

（二）员工建言

采用 Van Dyne 和 LePine（1998）的建言量表。本量表是包含 6 个题项的单一维度量表。测量题目如"对影响本工作小组的事宜制订及提供建议"，"会向其他组员谈论自己对工作的意见，即使其意见与别人不同并遭到组员的反对"，"就小组正在进行的新计划或改变提出自己的意见"。采用里克特七级量表，1 = 非常不同意，7 = 非常同意。将 6 项得分平均构成建言量表的得分 （$\alpha = 0.87$）。

（三）家长式领导

家长式领导是指根植于中国传统文化，普行于中国企业中的一种父亲般的恩威并施的领导风格。本书采用郑伯壎等（2004）的家长式领导量表，共 28 个条目，包括仁慈领导的 11 项条目，德行领导的 8 个条目，威权领导的 9 个条目。测量题目如"他/她平常会对我嘘寒问暖"，"他/她为人正派，不会假公济私"，"开会时，都照他/她的意思做最后的决定"。采用里克特六级量表，1 代表"非常不同意"，6 代表"非常同意"。我们将 11 项得分平均构成仁慈领导量表的得分（$\alpha = 0.95$），将 8 项得分平均构成德行领导量表的得分（$\alpha = 0.81$），将 9 项得分平均构成威权领导量表的得分（$\alpha = 0.79$）。

（四）创造力自我效能感

创造力自我效能感采用 Tierney & Farmer （2002） 的 4 个题项进行测量。测量题项如"我对自己运用创意解决问题的能力有信心"。将 4 项得分平均构成创造力自我效能感量表的得分（$\alpha = 0.85$）。

三 统计分析

本研究采用的主要统计分析工具软件是 SPSS 13.0 和 LISREL 8.7。信度和效度的检验主要采用 SPSS 统计软件完成。理论模型的检验和假设检验主要通过 LISREL（Linear Structural Relationship）的结构方程（Structural Equation Modeling，SEM）功能实现。

结构方程有很多优点：它可以同时处理多个因变量；允许自变

量和因变量含测量误差（传统方法如回归，假设自变量没有误差）；同时估计因子结构和因子关系；允许更大弹性地测量模型；估计整个模型的拟合程度，用以比较不同模型等（侯杰泰等，2004）。

在运用结构方程进行模型估计时，需要对一些关系进行固定，而将另外一些关系设定为自由。在以下两种情况下需要固定：①两个变量（指标或因子）之间没有关系，将元素固定为0；②需要设定因子的度量单位时，可以采用固定方差法，即将所有因子的方差固定为1（或其他常数），也可以采用固定负荷法，即在每个因子中选择一个负荷固定为1（或其他常数），而将所有需要估计的参数都设定为自由（侯杰泰等，2004）。

（一）量表信度和效度检验

本研究先以 SPSS 13.0 进行因素分析，进行前必须先根据取样适切数（KMO）观察其是否适合进行因素分析，通常 KMO 值在 0.7 以上表示中度适合，0.8 以上为良好，0.9 以上则为极佳（黄丹亭，2007）。

先确认各构念所包含的题项确实属于同一构念，接着进行信度分析以确保各题项具有一致性，确定具有信度后，再进一步进行平均数的计算，如此才能有效避免在均值计算过程中忽略各题项之间的差异，导致项目分数有误差，通常 Cronbach's $\alpha > 0.7$ 表示具有信度（黄丹亭，2007）。

量表的结构效度可以分为聚合效度和区分效度。聚合效度可以通过检验各个测量题项在其相应的因子上的载荷来体现。一般而言，因子载荷在 0.60 以上则为具有较好的聚合效度。区分效度是指某个量表与其他相似量表的比较，表现出显著差别，则认为具有较好的区分效度。

Gong，Huang 和 Farh（2009）在采用变革型领导量表时，进行了探索性因子分析，并且将载荷过低的两个条目删除，之后再进行验证性因子分析。Farh，Hackett 和 Liang（2007）在采用知觉到的组织性支持量表时，也由于其中一个负面措辞的条目与其他条目不相关而将其删除。这说明在使用现有量表进行测量时，在跨文化的研究中，进行探索性因子分析是必要的。

本研究针对家长式领导的量表，进行探索性因子分析发现，仁慈领导的各测量指标都与其所代表的变量拟合良好，因子载荷都较理想。但是德行领导的 8 个测量题项中的 3 个则并不那么理想，当我们查看题项时，发现这 3 个题项是反向性问题（即双重否定性问题），分别是："得罪他时，他会公报私仇"，"他会利用职权搞特权"，"工作出纰漏时，他会把责任推得一干二净"。虽然进行了反向计分处理，但依然出现与其他题项不一致的现象。因此后续的分析中没有将其包含其中。与此类似，在威权领导 4 个测量题项（"他采用严格的管理方法"，"当任务无法达成时，他会斥责我们"，"他强调我们的表现一定要超过其他单位"，"他遵照原则办事，触犯时，我们会受到严厉的处罚"）中，第 2 个出现明显的交叉载荷（cross - loading），其他 3 个都显示在另一个因子上，故也未将其包含在后续的分析中。再对剩余的题项进一步检视，发现基本包含了家长式领导构念的核心内容，因此用它们进行进一步的分析是合理的。因为家长式领导的构念是以 20 世纪 80 年代台湾家族企业的企业主为研究对象构造而成的，家长式领导量表也是以此构念为基础（虽然做了一些更新）开发的，随着近几十年来经济社会和文化各方面的变迁，有些当时有效的内容可能已随各方面的变迁而显得有些过时，后续也有很多研究在采用此量表时对其做了修订，目前有文献记载的就有 3 个不同的版本，分别是 42 条目版、28 条目版、19 条目版。本研究采用的是 28 条目版的，之所以采用这个版本，是作者征求了家长式领导量表开发作者之一樊景立教授的意见，他认为 28 条目的版本从题项和内容上来看都较其他两个版本更为均衡。家长式领导三元结构模式的量表开发者樊景立、郑伯壎、周丽芳在开发本量表的研究中，也发现有些因子出现了交叉载荷。"虽然家长式领导量表基本上是可以接受的，但不断地改进与提升量表的信、效度，仍是研究者须持续进行的工作。"（樊景立、郑伯壎、周丽芳，2000）。这些作者进一步指出："可以进一步修订量表，将仁慈、德行及威权领导量表中的每一次向度因素的题数维持在 3 ~ 5 题，进行资料与模式的适合度分析。"（樊景立、郑伯壎、周丽芳，2000）。他们所提供的各种拟合指标，也并非特别理想。这表明家长式领导的量表可以修正得更合理。因此，本研究根据因子分析的结果，删除了一些不合理的题项，留下的题项无论从数量上，还是从测量的内容上看，都是合乎情理的。

本研究运用结构方程分析软件 LISREL 8.70 进行整体研究架构的检验，以此了解各变量之间的关系。

结构方程主要用于处理复杂的多变量研究，可使用的统计工具比较多，如 AMOS、LISREL、EQS、MPLUS、CALS、RAMONA 等（邱浩政，2004）。从模型的拟合指标来看，一般而言，SEM 假设模型大多根据以下常见的拟合度指标进行评估：卡方检验（χ^2 Test）、RMSEA

（Root Mean Square of Approximation）、CFI（Comparative Fit Index）、GFI（Goodness - of - Fit Index）、AGFI（Adjusted GFI）、NFI（Normal Fit Index）与 NNFI（Non - Normed Fit Index）。每一类别皆包含不同指标，其判断标准也有所差异（邱浩政，2004）。

关于结构方程模型中的拟合指数，根据侯杰泰等（2004），需要报告 χ^2（Minimum Fit Function Chi - Square，卡方）、df（degree of freedom，自由度）、RMSEA、NNFI 和 CFI。χ^2 及其自由度 df 主要用于比较多个模型。一般认为，如果 RMSEA 在 0.08 以下（越小越好），NNFI 和 CFI 在 0.9 以上（越大越好），则所拟合的模型是一个"好"模型。结构方程建模的拟合指标及评估标准如表 3 - 1 所示。

表 3 - 1　结构方程建模的拟合指标及评估标准

拟合指数	指标含义	拟合评估标准
χ^2/df 值	卡方比率	小于 3 时可以认为模型拟合较好（Sharma，1999）
RMSEA	近似误差均方根	小于 0.08 表示拟合较好（越小越好）（侯杰泰等，2004）
NFI	规范拟合指数	大于 0.9 表示拟合较好（侯杰泰等，2004）
NNFI	非范拟合指数	大于 0.9 表示拟合较好（侯杰泰等，2004）
RFI	相对拟合指数	大于 0.9 表示拟合较好（侯杰泰等，2004）
IFI	修正拟合指数	大于 0.9 表示拟合较好（侯杰泰等，2004）
SRMR	标准化残差均方根	小于 0.08 表示拟合较好（Hu & Bentler，1998）

要检验某个指标在某个因子上的载荷是否显著不等于 0，可以看 t 值，一般可以简单地取 t 值大于 2 为显著。当指标只简单从属于单个因子时，平方复相关系数等于标准化负荷平方。除了参考负荷的 t 值外，还要检查完全标准化的解。一般来说，希望标准化的负荷在 0.6 或以上，如果小于 0.5，对应的指标要考虑删除。

模型各路径参数估计值，可通过 t 值判定其是否具有统计显著性。本研究以显著水平 95% 及 99% 之双尾检定为判定标准，其 t 值分别为 1.96 及 2.58，当 t 值大于 1.96 或 2.58 时，则表示路径两端之变量在 95% 或 99% 置信区间具有显著性。

（二）测量题项的打包合并

由于研究涉及的变量较多，但样本量相对较小，所以本研究对变量测量指标进行了打包处理（Bandalos，2002）。关于测量指标打包的方式，Hall 等（1999）认为，到底采用随意合并（Wang & Cheng，2010）还是有规划的合并策略（Mathieu & Farr，1991）是题项合并需要考虑的重要问题。将已有的量表作为测量指标时，合并时以先前理论和实证研究为基础。然而，在正式操作时，归并题项的根据是研究者自身发展的理论或实证原则。比如，Schau 等（1995）刻意将含否定词语表达的题项分散在不同的包里，目的是使合并后的组成题项在均值、标准差和偏度等方面均衡分布。Lawrence & Dorans（1987）和 Manhart（1996）则根据题项的不同难度将其均匀地分散在不同的包里。之后陆续又有其他的建议，包括根据探索性因子分析所得各题项的载荷系数高低，将载荷最高和最低的题项分为一组，使得主要因子在各组中的影响是均匀的。所有这些方法，由于产生的组合并不相同，所以各有偏好（Hall 等，1999）。Hall 等（1999）则认为将测量内容相似的题项合并在同一组是更可取的做法。

本研究在做题项合并时，首先为每个变量确定 3 个测量指标。然后根据探索性因子分析的载荷系数，将载荷最高和最低的题项合并求平均数，接着将次高和次低的题项合并求平均数，依次类推，直到所有实际测量的题项都合并到指定的 3 个新测量指标的其中一个中为止（Mathieu & Farr, 1991）。举例来说，如员工创造力的测量题项共 13 个，为叙述简便，分别用 C1 ~ C13 来代表。其因子载荷系数按由高到低排列如表 3 – 2 所示。

表 3 – 2　员工创造力的探索性因子载荷系数（由高到低排列）

C2	C12	C13	C11	C3	C4	C10
0.831	0.819	0.815	0.806	0.803	0.795	0.793
C8	C1	C5	C9	C7	C6	
0.791	0.785	0.770	0.758	0.689	0.657	

据此，3 个新指标的得分分别由以下公式求得：

$$CR1 = (C2 + C6 + C12 + C7) / 4$$

$$CR2 = (C13 + C9 + C11 + C5) / 4$$

$$CR3 = (C3 + C4 + C10 + C8 + C1) / 5$$

第四章

研究结果

第一节　描述性统计结果

各变量的均值、标准差以及 Pearson 相关系数见表 4 - 1。

第二节　验证性因子分析结果

为了检验假设模型中各构念的效度，本研究进行了验证性因子分析，运用 LISREL 8.7 中的极大似然法进行参数估计和模型拟合（Jöreskog & Sörbom, 1993; Morrison & Phelps, 1999）。本研究进行了一系列嵌套模型检验：单因子模型检验、双因子模型检验、三因子模型检验、四因子模型检验、五因子模型检验以及我们假设的六因子模型检验。发现五因子模型拟合最好。IFI、NNFI 和 CFI 表明，假设模型相较于其他备选模型相对完善。这些指数的经验值在大于等于 0.90 时被认为是好的拟合（Bentler & Bonett, 1980; Bollen,

表 4 - 1 变量的均值、标准差以及 Pearson 相关系数

变量名称	均值	标准差	1	2	3	4	5	6	7	8	9	10	11	12	13
1. 性别	1.4	0.49													
2. 年龄	31.67	7.13	-.10												
3. 学历	2.87	0.95	.04	-0.06											
4. 任期[1]	66.48	59.36	.02	.58**	0.02										
5. 任期[2]	46.10	42.38	.05	.51**	-.08	.70**									
6. 层级	1.96	0.63	-0.06	.24**	.23**	.18**	0.07								
7. 行业	1.29	0.45	-.15**	-.04	-.30**	-.19**	-.14*	-.02							
8. 仁慈领导	3.81	0.97	-0.03	.00	-.02	.04	.00	-0.06	-0.08	-0.95					
9. 德行领导	4.46	0.89	0	-0.02	.12*	-0.03	-0.06	.11*	.02	.50**	-0.81				
10. 威权领导	3.30	0.91	.05	.05	0	-0.04	-0.07	.08	.05	-.18**	-.13*	(.79)			
11. 创造力自我效能感	5.09	0.98	.10*	.04	-0.06	.02	.06	.13*	.01	.21**	.10	-.01	(.84)		
12. 创造力	4.64	1.02	-.02	.08	.01	.09	.07	.19**	-.05	.15**	-0.01	-0.09	.22**	(.95)	
13. 建言	4.89	1.01	.07	.05	.09	.06	.06	.18*	-.08	.06	-0.02	-0.02	.05	.66**	(.87)

注: 样本量 N=391; 性别 0=女, 1=男; 受教育程度 1=初中及以下, 2=高中或中专, 3=大专, 4=本科, 5=硕士, 6=博士及以上; 任期以月为单位计算, 任期[1]=现公司任期, 任期[2]=现岗位任期; 层级分为 1=基层, 2=中层, 3=高层; 对角线括号内为 Cronbach α. 系数;

* p < 0.05, ** p < 0.01。

1989；Jaccard & Wan，1996）。对于 RMSEA，Browne & Cudeck（1993）认为其值小于 0.08 则被认为是好的拟合模型。

本研究假设模型与其嵌套模型拟合指数的比较如表 4 - 2 所示，各嵌套模型因子合并说明如表 4 - 3 所示，各个潜变量及其字母代码如表 4 - 4 所示。

表 4 - 2　本研究假设模型与其嵌套模型拟合指数的比较

名称	χ^2	df	χ^2/df	RMSEA	NNFI	CFI	IFI	$\Delta\chi^2$	Δdf
M1[a]	147.85	120	1.23	0.02	0.99	1.00	1.00		
M2	442.06	125	3.54	0.08	0.94	0.95	0.95	294.21[***]	5
M3	744.28	129	5.77	0.11	0.74	0.90	0.90	596.43[***]	9
M4	1112.01	132	8.42	0.14	0.81	0.84	0.84	964.16[***]	12
M5	1611.36	134	12.03	0.17	0.72	0.76	0.76	1463.51[***]	14
M6	3418.68	135	25.32	0.25	0.43	0.50	0.42	3270.83[***]	15

注：M1[a]为本研究假设模型（6 因子：CS，BL，ML，AL，VC，CR）。

表 4 - 3　各嵌套模型因子合并说明

模型	因子数目	合并因子	合并后的因子名称
M1	6		
M2	5	VC + CR	VCCR
M3	4	VC + CR；BL + ML	VCCR，BLML
M4	3	VC + CR，BL + ML + AL	VCCR，BMAL
M5	2	VC + CR，BL + ML + AL + CS	VCCR，BMALCS
M6	1	合并为一个因子	ALL

表 4 - 4　潜变量名称及其字母代码对照

潜变量名称	字母代码	英文表述
创造力自我效能感	CS	Creative Self - Efficacy
仁慈领导	BL	Benevolent Leadership
德行领导	ML	Moral Leadership
威权领导	AL	Authoritarian Leadership
员工建言	VC	Voice
员工创造力	CR	Creativity

　　具体来说，在选择备选比较模型时，先对同一数据来源的变量进行合并。模型2（M2）是将由上级主管评价其直接下属的两个变量，即建言（VC）和创造力（CR），合并成为一个潜变量（VCCR）。合并后的各项指标（$\chi^2 = 442.06$，$df = 125$，$\chi^2/df = 3.54$，$RMSEA = 0.08$，$NNFI = 0.94$，$CFI = 0.95$，$IFI = 0.95$，$\Delta\chi^2 = 294.21^{***}$，$\Delta df = 5$）都不如模型1（本研究的假设模型）理想。卡方值增加294.21，自由度增加5个。而且合并后的各指标在潜变量（VCCR）上的因子载荷明显减少，尤其是原来从属于建言的3个指标VC_1、VC_2和VC_3，合并后的载荷分别从模型1的0.88、0.81和0.77降到了0.70、0.65和0.58。相反，误差却由模型1中的0.22、0.35和0.40上升到0.51、0.58和0.67（见图4-1和图4-2）。

　　模型3（M3）是在模型2（M2）的基础上，再将由员工评价的仁慈领导（BL）和德行领导（ML）合并成为一个潜变量（BLML）。之所以先选择合并这两个变量，是因为它们是对家长式领导的测量，而且显著正相关。合并后的各项拟合指标（$\chi^2 = 744.28$，$df = 129$，$\chi^2/df = 5.77$，$RMSEA = 0.11$，$NNFI = 0.74$，$CFI = 0.90$，$IFI = 0.90$，$\Delta\chi^2 = 596.43^{***}$，$\Delta df = 9$）比模型2拟合更差，有3项拟合指标值，分别是$\chi^2/df$、RMSEA和NNFI，明显高于文献中推荐的可接受模型的取值范围。与本研究的假设模型（M1）相比，差距更大，各项指标都较差。再者，从因子载荷和测量误差来看，原德行领导的3个测量指标ML_1、ML_2和ML_3的因子载荷由模型1中的0.72、0.89和0.73降到0.39、0.54和0.52，而其误差则由模型1中的0.48、0.20、0.47上升到0.85、0.71

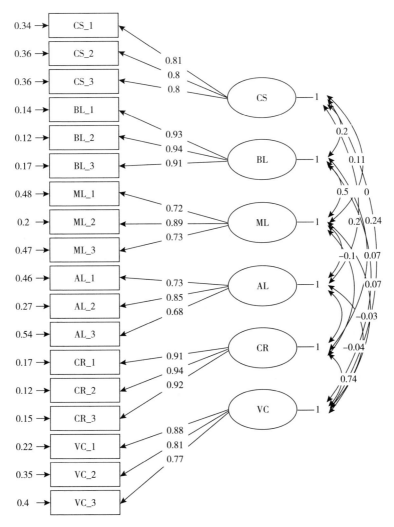

图 4 – 1　本研究假设模型 M1

和 0.73（见图 4 – 3）。

模型 4（M4）在模型 3 的基础上将家长式领导的 3 个变量仁慈领导、德行领导和威权领导合并为一个变量（BMAL）。合并后的各项拟合指标值（$\chi^2 = 1112.01$，df $= 132$，$\chi^2/\text{df} = 8.42$，RMSEA $= 0.14$，NNFI $= 0.81$，CFI $= 0.84$，IFI $= 0.84$，$\Delta\chi^2 = 964.16^{***}$，$\Delta\text{df} = 12$）都

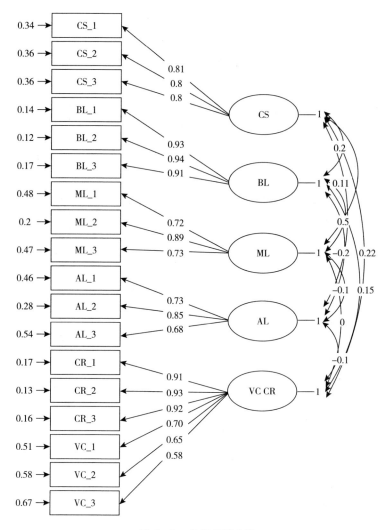

图 4 - 2　备选模型 M2

超过了可接受模型的推荐值。从因子载荷和测量误差值来看，原威权领导的 3 个测量指标 AL_ 1、AL_ 2 和 AL_ 3 的因子载荷分别由 0.73、0.85 和 0.68 下降到 - 0.17、- 0.19 和 - 0.15，误差分别由 0.46、0.27 和 0.54 上升到 0.97、0.96 和 0.98（见图 4 - 4）。与模型 1 相比，卡方值显著增加 964.16，自由度增加 12。

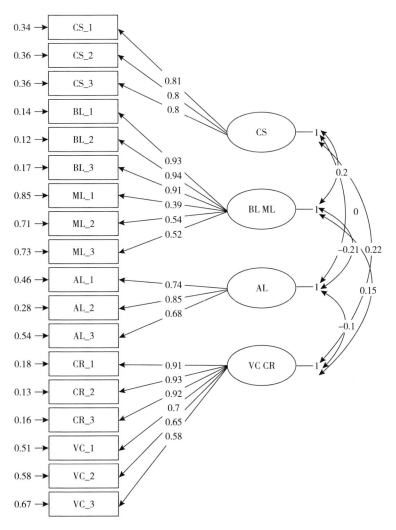

图 4 - 3 备选模型 M3

模型 5（M5）在模型 4 的基础上，再将员工的创造力自我效能感与家长式领导的所有变量合为一个因子（BMALCS），也就是说将所有来自下属员工评价的变量合并为一个因子，再加上来自上级主管评价的变量所合成的一个因子，使整个模型成为双因子模型。各项拟合指标值（$\chi^2 = 1611.36$，$df = 134$，$\chi^2/df = 12.03$，

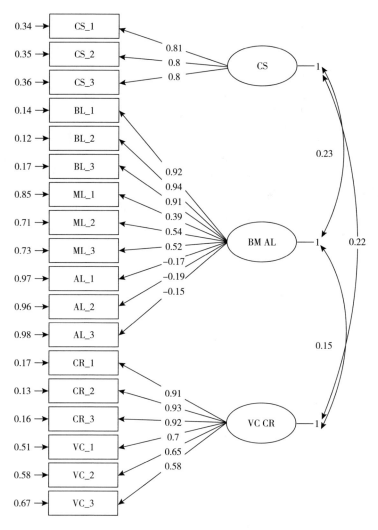

图 4 - 4　备选模型 M4

RMSEA ＝0.17， NNFI ＝ 0.72， CFI ＝ 0.76， IFI ＝ 0.76， $\Delta\chi^2$ ＝ 1463.51 ***， $\Delta df = 14$） 都明显不符合可接受模型的要求。来自员工评价的指标在因子上的载荷 12 中有 9 个低于 0.60，最低低至 -0.19，而测量误差最高值为 0.98。与模型 1 比，卡方值显著增加 1463.51，自由度增加 14 （见图 4 -5）。

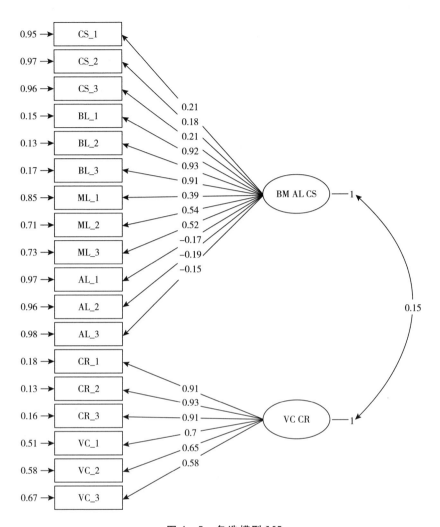

图 4 - 5 备选模型 M5

　　模型 6（M6）是在模型 5 的基础上，将两个因子合并为一个因子，使整体模型成为一个单因子模型。其各项拟合指标（χ^2 = 3418.68，df = 135，χ^2/df = 25.32，RMSEA = 0.25，NNFI = 0.43，CFI = 0.50，IFI = 0.42，$\Delta\chi^2$ = 3270.83*** ，Δdf = 15）离可接受模型的要求甚远，与其他 5 个模型相比，是拟合最差的模型（见图 4 - 6）。

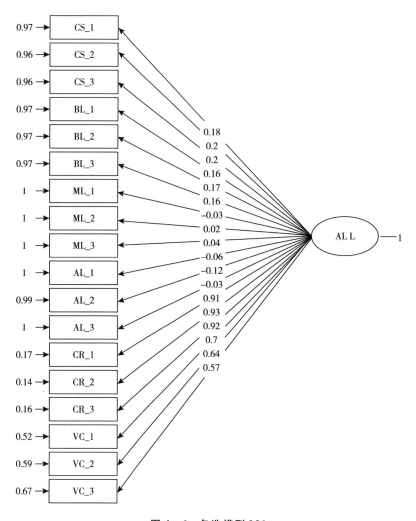

图 4 - 6　备选模型 M6

第三节　假设检验结果

图 4 - 7 的模型拟合指数见表 4 - 5。从各项指标的综合情况来看，模型拟合得较好，可以接受。仁慈领导对员工建言和员工创造力都有显著的正向预测作用（路径系数分别为 0. 15，p < 0. 05；0. 25，p <

0.01），假设1和假设2得到验证。德行领导对创造力有显著负向预测作用（路径系数为 -0.17，p < 0.05）。德行领导对员工建言的预测作用虽然是负向的，但并不显著（路径系数为 -0.13，p值未达到显著性水平），假设3和假设4未得到验证。威权领导对员工创造力和员工建言的影响虽显示负向，但都不显著（路径系数分别为 -0.09，p不显著；-0.04，p不显著），假设5和假设6未得到验证。

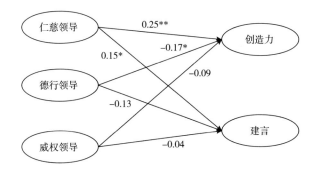

图 4 -7 仁慈、德行和威权领导对员工创造力和建言直接影响的路径系数
* p < 0.05，**p < 0.01。

表 4 -5 本研究假设模型中直接效应的拟合指数

χ^2	df	χ^2/df	RMSEA	NFI	NNFI	CFI	IFI	RFI
263.58	81	3.25	0.08	0.94	0.94	0.95	0.95	0.92

接下来，我们就员工创造力自我效能感对仁慈领导与员工创造力之间关系的中介作用的假设进行检验。也就是说，员工创造力自我效能感被假设为中介变量。自变量对因变量的影响，如果是通过另外一个变量来发挥的，则另外一个变量就被称为中介变量（mediator）。中介效应是间接效应，无论变量是否涉及潜变量，都可以用结构方程模型进行估计。图4 -8 中 a、b、c 及 c' 的估计值及相应的标准误都可以通过结构方程得到。中介变量的估计是 a 与 b 估

计值的乘积。中介效应与总效应之比是 $[ab/(c'+ab)]$，中介效应与直接效应之比是 (ab/c')。通过这两个值可以衡量中介效应的大小（温忠麟、侯杰泰、张雷，2005）。

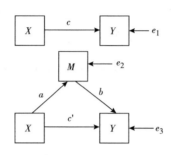

图 4-8 中介效应示意图

资料来源：温忠麟、侯杰泰、张蕾（2005）。

中介变量的检验可以分为 3 个步骤。第一步，检验自变量 X 到因变量 Y 的效应 c。如果 c 不显著，说明 Y 与 X 相关不显著，应该就此停止中介效应分析。如果 c 显著，则进行下一步。第二步，依次检验自变量 X 对中介变量 M、中介变量 M 对因变量 Y 的效应 a、b。如果 a、b 两个都不显著，说明没有中介效应，就不用再往下做了。如果两个都显著，或者至少有一个显著，则继续往下做。第三步（A），如果第二步中两个系数 a、b 都显著，则检验系数 c'。如果 c' 显著，则说明中介效应显著；反之，如果不显著，则完全中介效应显著。第三步（B），如果第二步中有一个不显著，另一个显著，则做 Sobel 检验。如果显著，则中介效应显著；如果不显著，则中介效应不显著（温忠麟等，2005）。

根据上述步骤，我们对假设模型依次进行了如图 4-9、图 4-10 和图 4-11 的检验。首先，检验了自变量仁慈领导（BL）对因变量员工创造力（CR）的效应（见图 4-9）。结果显示效应系数为 0.16

（p<0.01）。模型拟合得很好，各种拟合指数都在可接受模型指数的
上限（见表4-6）。可以进行下一步检验。

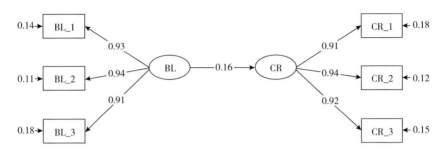

图4-9　假设模型中创造力自我效能感的中介效应检验步骤一

表4-6　假设模型的中介效应检验步骤一之拟合指数

χ^2	df	χ^2/df	RMSEA	NFI	NNFI	CFI	IFI	RFI
6.04	80.76	0.00	1.00	1.00	1.00	1.00	0.99	

　　第二步，检验自变量仁慈领导（BL）对中介变量员工创造力自
我效能感（CS）的效应（见图4-10）。自变量仁慈领导与中介变量
员工创造力自我效能感（CS）关系的系数为0.23（p<0.001），显
著；中介变量员工创造力自我效能感（CS）与因变量员工创造力
（CR）之间的关系系数为0.24（p<0.001），显著。模型各项拟合
指数显示，模型拟合很好（见表4-7）。可以进行下一步检验。

表4-7　假设模型的中介效应检验步骤二之拟合指数

χ^2	df	χ^2/df	RMSEA	NFI	NNFI	CFI	IFI	RFI
28.25	25	1.13	0.02	0.99	1.00	1.00	1.00	0.98

　　第三步，检验在控制了中介变量员工创造力自我效能感（CS）
的情况下，自变量仁慈领导（BL）对因变量员工创造力（CR）的
效应（见图4-11）。结果显示仁慈领导（BL）对员工创造力（CR）

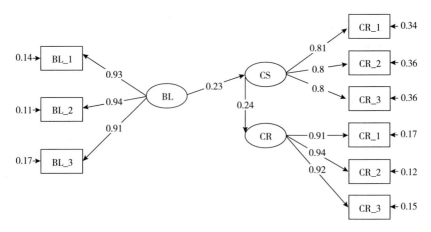

图 4 – 10　假设模型中创造力自我效能感的中介效应检验步骤二

的效应系数为 0.11（p < 0.05），显著。模型的各项拟合指标均显示模型拟合很好（见表 4 – 8）。

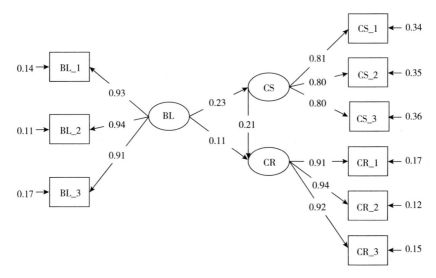

图 4 – 11　假设模型中创造力自我效能感的中介效应检验步骤三

表 4 – 8　假设模型的中介效应检验步骤三之拟合指数

χ^2	df	χ^2/df	RMSEA	NFI	NNFI	CFI	IFI	RFI
24.10	25	0.97	0.00	0.99	1.00	1.00	1.00	0.99

　　由于以上三步都显示被检验的变量与变量之间的关系系数显著，又因为第三步中自变量仁慈领导（BL）与因变量员工创造力（CR）的关系系数（0.11，$p < 0.05$）显著，但小于步骤一中两者的关系系数（0.16，$p < 0.01$），这表明中介变量的中介效应显著。员工创造力自我效能感对仁慈领导与员工创造力的正向关系起到了部分中介作用，假设7得到了验证。

　　再以上述步骤，验证创造力自我效能感对仁慈领导与员工建言关系的中介效应，结果告诉我们创造力自我效能感对仁慈领导与员工建言的关系并没有中介作用，假设8未得到验证。

　　至此，本研究提出的8个假设整理结果如表4-9所示。

表4-9　假设检验结果整理

研究假设	检验结果
假设1：仁慈领导对员工建言有正向预测作用	支持
假设2：仁慈领导对员工创造力有正向预测作用	支持
假设3：德行领导对员工建言有正向预测作用	拒绝
假设4：德行领导对员工创造力有正向预测作用	拒绝
假设5：威权领导对员工建言有负向预测作用	拒绝
假设6：威权领导对员工创造力有负向预测作用	拒绝
假设7：员工的创造力自我效能感对仁慈领导与员工创造力的关系起中介作用	支持
假设8：员工的创造力自我效能感对仁慈领导与员工建言的关系起中介作用	拒绝

第五章

讨论与展望

第一节　理论启示

本研究构建了家长式领导的三个组成成分，即仁慈领导、德行领导和威权领导，与员工创造力和员工建言关系的理论模型，并运用实证研究发现仁慈型家长式领导对员工的创造力和员工建言行为都有正向预测作用，还发现员工的创造力自我效能感对仁慈型家长式领导与员工创造力之间的关系起着部分中介作用。这对于家长式领导、员工创造力、员工建言三个领域的研究都十分有意义，因为已有的研究很少将它们联系起来。

家长式领导中的仁慈领导是不同于西方领导类型的华人文化背景下本土企业特有的领导方式，它被证明在华人企业中广泛存在。本研究发现仁慈领导对员工创造力有显著积极的影响。这一发现与 Wang & Cheng（2010）的发现相一致，并发现这两者之间的关系部分地受到员工创造力自我效能感的中介作用，这可能成为本研究的首要贡献。

　　家长式领导与下属的认知、态度以及行为的关系研究主要关注其对员工的角色内绩效、组织公民行为以及工作态度等的影响。这些作用的机制是通过改变员工的认知 – 激励状态来实现的（Farh 等，2008）。仁慈领导对部属个人的福祉做个别、全面而长久的关怀，部属则会相应产生感恩和图报心，在工作中表现出良好的绩效。这可以看作员工对上级仁慈领导行为的一种感恩和图报行为（郑伯壎，1995a；樊景立、郑伯壎，2000；郑伯壎、周丽芳、樊景立，2000）。这些图报的行为表现包括角色内绩效的改善和角色外的绩效行为，即组织公民行为。已有研究对仁慈领导影响员工角色内绩效的关注较多。有关仁慈领导对组织公民行为影响的研究绝大多数将关注点放在亲和性行为上，这些行为包括利他、组织忠诚、组织服从、公民道德等（Organ，Podsakoff & MacKenzie，2006）。这些行为重在维护组织的现状，起着对组织按照已有的方式顺利运作的润滑剂的作用（Katz & Kahn，1978）。这些亲和性的组织公民行为都致力于与组织的政策和惯常规定保持一致并全力支持（Van Dyne，Cummings & Parks，1995），如利他行为是人际性的、合作性的、非对立性的（McAllister 等，2007）。因此，亲和性的组织公民行为的重要性在相对稳定的环境中毋庸置疑。但是，这类行为如果对需要变革的现状加以支持，则实际上可能危害组织的绩效（Morrison & Phelps，1999）。

　　在变革需求和不确定性日增的环境中，组织的健康发展除了需要员工表现出良好的角色内绩效行为，以及亲和性的、对组织机器起润滑作用的组织公民行为之外，也许更需要员工对现状提出改善建议的先行性的建言行为和改变现状的创造性行为。仁慈领导是否或者如何影响这些行为，在已有组织研究中却极少受到关注。本书作者通过文献搜索发现，目前只有一篇考察仁慈领导与员工创造力关系的文献（Wang & Cheng，2010）。

仁慈领导对员工的创造力自我效能感有积极的影响（Tierney & Farmer，2004）。

本研究有个有趣的、与先前理论相左的、看似违背常理的发现，即德行领导与员工创造力的关系是负向的，即高德行的领导，其下属的创造力表现更低。德行领导与员工建言的关系也是负向的，但不显著（没有达到统计上的显著水平）。威权领导与员工创造力和员工建言有负向关系，但也都不显著。Redding（1990）认为自主性和独立性强的下属可能会拒绝家长式领导。也许本研究的样本受到了这方面因素的影响，而本研究并未将这些作为变量进行测量。另外也可能是出现了领导力替代（leadership substitute）效应。根据Howell 等（1986）的研究，领导力替代是指由于人、情景或任务等因素使得领导变得无关紧要，从而出现本研究中威权领导与员工创造力和员工建言不显著相关的情况。这些未解之谜呼唤更多相关研究的出现。

第二节　管理启示

想象力和创造性人格不能确保创造性的成功，创造力研究者必须认识到勤奋及对所从事工作的热爱的重要性。与其担心自己不具有取得辉煌创造性成就的天赋，不如将精力放在发展自己的专业技能和培养坚韧不拔的精神上。另外，支持性的社会环境对发展创造力举足轻重。组织与其将努力放在发现和雇用最有天赋的员工方面，不如在甄选员工时，关注求职者对工作的激情、其所需的技能和经验，同时创造一种工作环境，消除创造力发挥的障碍，造就创造力的激励源（Amabile，1997），让员工有各种机会积极投入有挑战性的工作，学习有效的工作技能，因为创造力不仅依靠才华和智慧，而且还需要专业知识和激情（Amabile，2001）。

Cummings & Oldham（1997）发现，具有创造性认知风格、有创造性人格的员工只有在复杂性工作中，在支持性的主管手下工作，并且还有刺激其创造力的同事时，才显现出高创造力。在实际管理中，管理者可以运用一些测试方法测量应聘者的问题解决方式和创造性个性，以识别出颇具创造性的人选，同时在工作安排时，将有创造力潜质的员工安排在复杂性较高的工作岗位上，采用支持性的管理方式，给他们充分的自主权，使他们充分发挥创造力。

员工建言有助于管理者和组织在早期监测与组织有关的问题并发现解决问题的方案，从而有利于组织创新并对难以预测的情形做出有准备的反应（Weick & Sutcliffe，2001）。中国有句俗话，"群众看干部"。在企业管理中，各级领导需要从自己对下属的态度和行为中去寻找如何使下属积极主动建言。对下属施恩，即仁慈地对待下属，可能会使他们产生感恩和图报之心，除了能提高下属的角色内绩效，促使利他等角色外行为产生之外，还可能会促进下属积极主动地发现工作中的不完善，并无太多顾虑地向上级主管提出来，这对组织的长期健康发展颇具价值。

最后，值得一提的是，本研究发现员工在组织中的职位层级对其创造力越强，建言都有显著的正向影响。这说明员工的职位层级越高，所表现出的创造力越强，建言也越多。可能的原因有几个方面，其一，员工的职位越高，他们所能获得的资源（信息、机会、财务等资源）也越多，越有可能产生具有创造性的主意，因此创造力越强。其二，员工职位越高，对组织的责任感可能越大，因此会表现出越强的创造力，建言行为也越多。其三，员工职位越高，在建言时的顾忌也可能越少，因为他们更有控制感。LePine & Van Dyne（1998）也提出，职位高可能提供一种权力意识和责任意识，促使员工表达自己的建议。而职位低的员工由于接触信息的机会少，工作中的行为自由度低，因而对工作群体的结果的责任感较小，相应的，建言行为和创造力发挥也较少。其实，在组织中通过提升所有员工的职位层级来诱发员工的建言行为和创造力显然是不太可能的。但是在组织中的各个层面，都可能存在值得改进和提升之处，而高层管理者可能是万能的，不可能发现所有的改进机会。因此，如何让各层级尤其是职位层级较低的员工能够发现问题，提出改进建议，甚至提出全新的流程、产品和服务的想法，是值得管理者探究和尝试的。以仁慈领导方式对待下属可能是其中一个有效的方法。

Grant，Parker & Collins（2009）研究表明主管在对员工的建言行为进行归因时，员工所表现出的亲社会的价值观和积极的情感有助于主管对此行为的积极归因，因而提升其对该员工的绩效评价。相反，员工表现出的自服务价值观和消极的情感会引起主管对其建言行为的消极归因，因而不会对其绩效评价产生正面影响。在此，对于主管来说，如果只对那些表现出亲社会价值观和积极情感的员工的建言行为给予奖励，而忽略那些表现出自服务价值观和消极情感的员工的建言，对组织和员工来说都是极大的损失。因此，主管们应该尽量排除考虑员工的意图而理性地单独评价员工的建言本身是否对组织有益，可能会对鼓励员工建言以及创造力的发挥有帮助。对员工来说，为了让自己的建言更容易被主管和组织接纳，尽量表现出良好的亲社会价值观和积极的情感是有帮助的（Grant，Parker & Collins，2009）。

为了鼓励员工在工作中发挥创造力和积极建言，管理者还需要创造鼓励这些行为的文化氛围、规范以及奖励系统。同时，由于创造力的发挥和员工建言都会对现状提出挑战，这种挑战的对象可能就是管理者本身，我们应该以持续改进的观念去管理，为这些员工的创造力发挥和建言行为开启一扇长期敞开的大门。这样组织才能集中各层级员工的智慧，使组织得到持续改善，在竞争中立于不败之地。

第三节　研究局限和研究展望

一　实证研究的局限与展望

如许多管理学研究一样，本研究采用的是截面数据，尽管理论模型得到了数据的部分支持，但无法确切下结论认为：因变量的变化一定是由自变量引起的。也就是说，我们不能就此断定仁慈领导与员工创造力以及员工建言之间的因果关系。其因果关系也有可能正好相反。员工所表现出的高水平的创造力和积极的建言行为也可能引致上级主管的仁慈对待。因此，未来的研究需要尽量采用纵向跟踪的方式，在不同的时点搜集自变量和因变量的数据；或者采取实验研究法将其他可能的影响因素控制住，去考察自变量对因变量的影响。这有助于得出更具说服力的结论。

　　从数据来源的性质来看，本研究使用的是知觉性的数据，对于家长式领导的测量，采用的是员工对领导行为的感知，因为领导行为要在员工一方发挥效力，是通过员工的感知来实现的（Bandura，1989）。这种主观的知觉从客观来看也可能是错误的。

　　目前的研究还未从领导的视角探索家长式领导。已有的研究主要关注下属的反应，但是领导评价和下属评价之间的相关度之低足以让人对其中一种或者两者的测量效度产生怀疑。比如，Gerstner & Day（1997）发现当采用领导视角评价领导与员工的关系时，其与绩效之间的关系更强。同样，Raabe & Beehr（2003）发现导师认为给徒弟的事业指导要比徒弟自身认为的多，而徒弟报告的心理支持水平要比导师认为的高。测量的视角是个重要议题，因为它可能成为家长式领导与其相关概念之间的调节变量。比如，当将从员工视角测量的家长式领导和从领导视角测量的家长式领导相比较时，前者的测量结果显示仁慈型家长式领导与员工的组织承诺之间的关系可能更强（Pellegrini & Scandura，2008）。

　　未来可以采用多数据源的方式来研究领导行为与员工建言以及员工创造力之间的关系。具体来说，今后的研究可以从主管知觉和下属知觉两个方面测量家长式领导，这在领导研究领域是个趋势（Graen & Uhl-Bien，1995）。探索主管知觉和下属知觉到的家长式领导的一致程度及其对态度和绩效的影响，将是一个有趣的研究思路。因为主管可能并不将自己的行为视为威权性的，因为他的出发点是良好的，然而，下属可能刚好对此有不同的解读。于是对仁慈领导的研究，可能会得益于双向探讨家长式领导的意义的定性研究

（Pellegrini & Scandura，2008）。

关于员工建言，相关研究文献表明，一些员工的个人特征，如任期、性别、种族、工作安排、人格、工作满意度、是否有足够的想法等都对其建言行为有显著影响（Detert & Burris，2007）。本研究由于考虑变量太多，测量问卷的内容过多会影响到填答质量，故只将上述部分变量纳入了控制变量之列施测，而有些变量，包括人格和工作满意度都未纳入测量中。由此，可能会对分析结果产生估计不到的影响。

从测量工具来说，如文献所述，一个研究领域的健康发展，测量工具本身的信度和效度极为关键。根据本项研究样本数据，发现在华人社会中家长式领导的量表的信度并非都与先前的文献发现吻合。我们在对测量指标进行打包时，对所有变量（控制变量除外）都进行了探索性因子分析，以找出各测量指标在其所属因子上的载荷，在此过程中发现，仁慈领导所有题项的内部一致性很理想，所有测量指标的因子载荷都在 0.70 及以上，能够解释的累积变异量达到 60%。德行领导和威权领导的检验结果却不那么理想，如果以特征根值大于或等于 1 作为提取因子的标准，德行领导的测量指标分布中居然出现了两个因子，第一个因子的特征根值为 3.286，能解释 35.75% 的变异量，第二个因子的特征根值为 2.104，能解释 31.634% 的变异量。数个观测指标出现了明显交叉载荷。对于威权领导，探索性因子分析也出现了类似于德行领导的情况。特征根值在 1 以上的有两个因子，第一个因子的特征根值为 3.847，能解释 32.385% 的变异量，第二个因子的特征根为 1.319，能解释 25.017% 的变异量。

产生上述结果的可能原因有以下几方面。首先，我们需要追溯到家长式领导量表的开发背景上。樊景立、郑伯壎（2000）以台湾地区 20 世纪 80 年代的家族企业主持人为研究对象，通过现场访谈，深入观察，然后得出家长式领导的构念。家长式领导的量表就是根据这一构念来开发的。这个量表一直为研究华人组织（包括企业组织、学校）中家长式领导的学者所用。由于 20 多年来全球化使得亚洲，包括华人社区（台湾、香港、大陆等）无论是在经济上还是文化上都发生了巨大的变化，也许家长式领导的行为方式和下属员工对家长式领导的看法都随之发生了变化，使得其中有些测项可能不再合时宜。因而量表测量结果的内部一致性受到了一定程度的影响，从而也影响使用此量表作为测量工具的研究所得出的结论的准确性和普适性。

另外，对于华人社区研究家长式领导的学者来说，尽管都是以樊景立、郑伯壎、周丽芳、樊景立（2000）的量表为依据进行家长式领导的测量，但仔细考究这些文献会发现，很多学者都因为各种理由在使用时对原量表做了删减、改动。因此，家长式领导的量表目前较为通行的版本就有 33 条目版、28 条目版、19 条目版和 15 条目版。之所以如此，可能与家长式领导的原始量表的时效性受到质疑有关。无论如何，这种测量工具的差异使得这些研究的结果难以准确地进行比较，这对家长式领导的研究发展十分不利。未来的研究需要在此方面多加注意。致力于具时效性的家长式领导量表的修订或开发对未来家长式领导的研究意义重大。

建立构念效度在发展理论研究项目方面是非常基础的工作。对于家长式领导，还需要大量的研究来测定常用家长式领导量表的构念效度以及与构念相关的结果变量。更加严格的实证研究，加上更加系统化的构念效度检验，应该可以提升家长式领导研究的严谨性和相关性（Pellegrini & Scandura，2008）。

家长式领导可能会因时而异。比如，威权行为是否会在成熟的领导与成员的关系中较为少见？仁慈领导风格是会随时间而增强，抑或是保持不变？需要纵向跟踪研究探讨家长式领导的发展历程。因为家长式领导是领导研究中的新兴领域，这些未决的问题都是通向成熟研究的方向。

目前对员工创造力的研究，关注点都放在创意的产生。而创意要得到实现才能为组织带来实际收益。因此，未来的研究应该在关注如何催生创意的同时，关注如何将新颖而合适的主意变为组织中的新流程、新产品、新服务。因为有研究表明影响员工产生新想法的因素与影响其实施想法的因素是有区别的（Axtell 等，2000）。

如同其他所有有关家长式领导的实证研究一样，本研究对家长式领导与员工建言和员工创造力关系的研究采取的是个体层面的研究方法，探讨领导的个人家长式领导行为对其下属的个体影响。然而组织是涉及在不同层面上运作的相互耦合的各种流程的复杂系统，因此，对家长式领导在组织中所发挥效应的完整理解呼唤多层次研究的出现（Farh 等，2008）。在组织的高层，家长式领导是指组织的 CEO 及其高管团队的整体管理风格和管理实践。他们可以被看作组织的整体"环境刺激源"。家长式领导在管理实践中的体现可能是集权化的组织结构、自上而下的决策方式、待员工如家人等，于是形成一种工作场所的家长式氛围。这种整体的氛围如何影响中低层管理者的家长式领导行为，继而影响普通员工的建言和创造力的发挥，这种自上而下的效应是未来研究值得关注的。此外，也可能存在自下而上的效应，在个体层面的结果累加起来可能会影响单位层面的结果，这也值得未来研究去关注。

　　未来的研究，可以检验在不同类型的华人组织中，这三种领导形态对部属或组织结果变量的个别或交互影响效果（樊景立、郑伯壎，2000），即未来研究可以检验 8 类不同的家长式领导与员工建言和员工创造力的关系。

二　家长式领导研究展望

（一）理论模型的修订

　　从家长式领导的研究文献来看，其概念在使用上还存在模糊性。研究者们关于家长式领导的不同视角并非根源于东西方学者的认知差异，而是由于缺乏足够的概念清晰性（Pellegrini & Scandura，2008）。顾名思义，构念就是研究者构建出来的，因此，构念效度在科学研究的推广方面是个关键的问题（Nunnally & Bernstein，1994）。确保家长式领导构念效度的第一步是明确与此构念相关的可观测变量的范围。通过文献回顾，我们发现不同的研究者对于整体家长式领导构念的所指有所不同，还有一些研究者则干脆指的是不同的领导构念。然而，他们都引用"家长作风"或"家长式领导"这些说法来表达。比如，Uhl-Bien & Maslyn（2005）提出家长式领导是"有问题，不受欢迎的"，而 Pellegrini & Scandura（2006）则称家长式领导是一种"有效的策略"。这种差异源于这些研究者所关注的是不同的领导构念，因为 Uhl-Bien & Maslyn 研究的是"权威"，Pellegrini & Scandura 关注的则是"仁慈"。而这两项研究都引用家长式领导来作为其感兴趣的构念，尽管他们实际上探讨的是截然不同的领导范畴（Pellegrini & Scandura，2008）。

家长式领导构念存在内在矛盾。家长式领导的组成成分威权与仁慈、德行的负相关关系影响了家长式领导三元模式的构念整合性和文化契合型，使得分维度研究在大多数研究中广泛被采纳。而这类研究在很大程度上瓦解了家长式领导这一构念本身。为此，Farh等（2008）提出了构形观以求帮助家长式领导研究走出困境。具体而言，构形观根据绝对值水平将三个维度二分化，即高威权（A）－低威权（a）、高仁慈（B）－低仁慈（b）、高德行（C）－低德行（c）。对它们进行组合得出 8 种家长式领导类型，即真正的家长式领导（authentic PL leader，ABC）、教父式的家长式领导（godfather PL leader，ABc）、纪律严明的家长式领导（disciplinarian PL leader，AbC）、独裁型的家长式领导（dictatorial PL leader，Abc）、无私的家长式领导（selfless benefactor PL leader，aBC）、纵容式的家长式领导（indulgent PL leader，aBc）、道德教化型的家长式领导（ideological PL leader，abc）和自由放任型的家长式领导（laissez－fair PL leader，abc）。构形观的方法在一定程度上将家长式领导当作组合模型，个体在某个或某几个维度的测量中得高分，被认定为在相应维度上有突出的特征，进而确定其在整体构念上的类型。目前以构形观为基础的研究还非常少。Niu（2006）发现 aBC 是最理想的家长式领导，其次是 ABC。后续研究可以沿着这一思路，探索不同类型的家长式领导各自的效能及作用机制。

（二）关注跨层级研究

特别需要关注家长式领导的研究层次及结果变量。如前所述，家长式领导单维度研究呈增长趋势。从现有研究来看，主要集中在个体层面，尤其是较低级别的管理者及其下属的关系。相对于其他领导构念，如变革型领导、破坏型领导等而言，家长式领导单维或多维度构念多层次的研究还很少。而有研究表明家长式领导对团队绩效存在积极影响（张新安、何惠、顾锋，2009）。未来研究中，跨层次研究将是一个重要方向。

在结果变量方面，之前的研究大多围绕员工的工作态度和工作行为等展开，其他一些重要的结果变量诸如创造力、建言等较少触及。段锦云和周浩、龙立荣的研究涉及了家长式领导与员工建言的主题（李艳、孙健敏、焦海涛，2013）。在市场竞争日益激烈的背景下，员工的这些主动性行为对企业的成功极为重要。因此，研究家长式领导如何促进或阻碍员工的主动性行为，具有重要的现实意义。

（三）本土与外域研究的比较和融合

家长式领导的中西对比。虽然家长式领导研究主要在华人背景下展开，但非华人背景的研究也相继出现，而且在构念上存在差异。郑伯壎的构念与 Aycan 的构念在内涵上就有很大差异。目前，还没有两种家长式领导的比较研究，后续研究可以围绕两个方面展开。Aycan 的家长式领导源自西方父权主义（paternalism）的研究，这种父权主义与中国传统的家长权威是否对应或等同？再者，从测量的角度出发，可以比较两者的解释力及工具的信效度，同时考察两者的作用机制是否存在差异。

另外，在中西方比较时，还需要注意构念和测量的对等性。虽然有学者认为家长式领导具有跨文化的普适性（Pellegrini, Scandura

& Jayaraman，2007），但在亚太、中东、拉美等地区的家长式领导研究（Pellegrini & Scandura，2006）使用的是不同量表。跨文化的比较涉及一个构念和测量对等性，如果这两者缺乏对等性，结论的可靠性也会受到质疑。再者，即使研究的构念在不同文化间具有对等性，但测量这些构念的问卷中的一些条目可能在不同文化之间存在偏差（李延、孙建敏、焦海涛，2013）。

已有研究表明，仁慈型家长式领导可能代表着领导研究领域具有跨文化推广性的一个突破（Pellegrini & Scandura，2008）。Karakas & Sarigollu（2013）在土耳其的研究发现了仁慈领导的不同内涵。这也许暗示着仁慈领导可以是一个跨文化的构念。这为突破家长式领导的文化局限开启了一扇门。而威权领导的内容在有些家长式领导的概念化中还需要仔细考察，因为在特定的文化中，价值观对平等看得较重，威权可能受到质疑。相反，仁慈领导可能更容易传播，更具有实践性启示。很显然，对工作场所的仁慈领导还需要进一步研究。

因此，厘清家长式领导的概念并仔细审视现存的各种不同的量表，发展出一致性的量表以使未来的研究之间可进行比较，对家长式领导研究的发展十分有益。

家长式领导研究经过几十年的发展，取得了丰富的成果，对本土理论构建和主位研究方法做出了重大贡献（李艳、孙建敏、焦海涛，2013）。然而，如前所述，家长式领导研究在发展中也遇到了一些问题。可以归纳为两个方面：其一，家长式领导构念与其三个维度之间的关系不明确；其二，单维与多维并存、本土理论与外域理论相争的多重格局。面对这些问题与挑战，家长式领导的未来研究可以从以上几个方面拓展。

参考文献

1. Albert, R. D. , "A Framework and Model for Understanding Latin American and Latino/Hispanic Cultural Patterns. " In Landis, D. & Bhagat, R. S. (Eds.), *Handbook of Intercultural Training* (2nd ed.) . Thousand Oaks, CA: Sage. 1996: 327 – 348.

2. Ali, A. J. , "Decision – making Style, Individualism, and Attitudes toward Risk of Arab Executives. " *International Studies of Management and Organization*, 1993, 23 (3): 53 – 73.

3. Allen, T. D. & Rush, M. C. , "The Effects of Organizational Citizenship Behavior on Performance Judgments: A Field Study and a Laboratory Experiment. " *Journal of Applied Psychology*, 1998, 83: 247 – 260.

4. Amabile, T. F. , Schatzel, E. A. , Moneta, G. B. , Kramer, S. J. , "Leader Behaviours and the Work Environment for Creativity: Perceived Leader Support. " *Leadership Quarterly*, 2004, 15: 5 – 32.

5. Amabile, T. M. , *A Model of Creativity and Innovations in Organizations.* Greenwich, Connecticut: JAI Press. 1988: 10: 123 – 167.

6. Amabile, T. M., "Beyond Talen – John Irving and the Passionate Craft of Creativity." *American Psychologist*, 2001, 56 (4): 333 – 336.

7. Amabile, T. M., Conti, R., Coon, H., Lazenby, J. & Herron, M., "Assessing the Work Environment for Creativity." *Academy of Management Journal*, 1996, 39 (5): 1154 – 1185.

8. Amabile, T. M., *Creativity in Context.* Boulder, CO: Westview Press. 1996.

9. Amabile, T. M. & Gryskiewicz, S. S., "Creativity in the R & D Laboratory." *Technical Report* (No. 30). Greensboro, North Carolina: Center for Creative Leadership. 1987.

10. Amabile, T. M., "Motivating Creativity in Organizations: On Doing What You Love and Loving What You Do." *California Management Review*, 1997, 40 (1): 39 – 58.

11. Amabile, T. M., "The Social Psychology of Creativity: A Componential Conceptualization." *Journal of Personality and Social Psychology*, 1983, 45: 357 – 376.

12. Ansari, M. A., Ahmad, Z. A. & Aafaqi, R., "Organizational Leadership in the Malaysian Context." In Tjosvold, D. & Leung, K. (Eds.), *Leading in High Growth Asia: Managing Relationship for Teamwork and Change: 109 – 138.* Singarpore: World Scientific. 2004.

13. Ashford, S. J., "Championing Charged Issues: The Case of Gender – Equity within Organizations." In Kramer, R. M. & Neale, M. A. (Eds.), *Power and Influence in Organizations.* Thousand Oaks, CA: Sage. 1998: 349 – 380.

14. Ashford, S. J., Rothbard, N. P., Piderit, S. K. & Dutton, J. E.,

"Out on a Limb: The Role of Context and Impression Management in Selling Gender – equity Issues." *Administrative Science Quarterly*, 1998, 43: 23 – 57.

15. Avery, D. R. & Quinones, M. A., "Disentangling the Effects of Voice: The Incremental Roles of Opportunity, Behavior, and Instrumentality in Predicting Procedural Fairness." *Journal of Applied Psychology*, 2002, 87 (1): 81 – 86.

16. Axtell, C. M., Holman, D. J., Unsworth, K. L., Wall, T. D. & Waterson, P. E., "Shopfloor Innovation: Facilitating the Suggestion and Implementation of Ideas." *Journal of Occupational and Organizational Psychology*, 2000, 73: 265 – 285.

17. Aycan, Z., Kanungo, R. N., Mendonca, M., Yu, K., Deller, J. & Stahl, G., "Impact of Culture on Human Resource Management Practices: A 10 – country Comparison." *Applied Psychology: An International Review*, 2000, 49: 192 – 222.

18. Aycan, Z. & Kanungo, R. N., "Paternalism: Towards Conceptual Refinement and Operationalization." Paper presented at 14th International Congress of Cross – Cultural Psychology, Bellingham, WA. 1998.

19. Aycan, Z., Kanungo, R. N. & Sinha, J. B. P., "Organizational Culture and Human Resource Management Practices: The Model of Culture Fit." *Journal of Cross – Cultural Psychology*, 1999, 30 (4): 501 – 516.

20. Aycan, Z., "Paternalism: Towards Conceptual Refinement and Operationalization." In Kim, U. Yang, K. S. & Hwang, K. K. (Eds.),

Indigenous and Cultural Psychology: Understanding People in Context. New York: Springer Science. 2006: 445 – 466.

21. Aycan, Z., Schyns B., Sun, J. M., Felfe, J. & Saher, N., "Convergence and Divergence of Paternalistic Leadership: A Cross – cultural Investigation of Prototypes." *Journal of International Business Studies*, 2013, 44: 962 – 969.

22. Ayman, R. & Chemers, M. M., "The Effect of Leadership Match on Subordinate Satisfaction in Mexican Organizations: Some Moderating Influences of Self – monitoring." *Applied Psychology: An International Review*, 1991, 40: 299 – 314.

23. Baer, M. & Oldham, G. R., "The Curvilinear Relation between Experienced Creative Time Pressure and Creativity: Moderating Effects of Openness to Experience and Support for Creativity." *Journal of Applied Psychology*, 2006, 91: 963 – 970.

24. Bandalos, D. L., "The Effects of Item Parceling in Goodness – of – fit and Parameter Estimate Bias in Structural Equation Modeling." *Structural Equation Modeling*, 2002, 9 (1): 78 – 102.

25. Bandura, A., "Human Agency in Social Cognitive Theory." *American Psychologist*, 1989, 44: 1175 – 1184.

26. Bandura, A., *Self – efficacy: The Exercise of Control.* New York: Freeman. 1997.

27. Bandura, A., "Self – efficacy: Toward a Unifying Theory of Behavioral Change." *Psychological Review*, 1977, 84: 191 – 215.

28. Bandura, A., *Social Foundations of Thought and Action: A Social Cognitive*

Theory. Englewood Cliffs, N. J. : Prentice – Hall. 1986.

29. Bandura, A. , *Social Learning Theory*. Prentice Hall, Englewood Cliffs, N. J. , 1977.

30. Barron, F. , *Creativity and Personal Freedom*. New York: Van Nostrand. 1968.

31. Barron, F. & Harrington, D. M. , "Creativity, Intelligence, and Personality. " *Annual Review of Psychology*, 1981, 32: 439 – 476.

32. Bass, B. M. & Avolio, B. J. , "The Implication of Transactional and Transformational Leadership for Individual, Team, and Organizational Development. " *Research in Organizational Change and Development*, 1990, 4: 231 – 272.

33. Bass, B. M. , *Bass and Stodgill's Handbook of Leadership: Theory, Research, and Managerial Applications* (3rd ed.) . New York: Free Press. 1990.

34. Bass, B. M. & Riggio, R. E. , *Transformational Leadership* (2nd ed.) . Mahwah, NJ: Erlbaum. 2006.

35. Bass, B. M. , "Transformational Leadership. " *Journal of Management Inquiry*, 1995, 4 (3): 293 – 298.

36. Basu, R. & Green, S. G. , "Leader – member Exchange and Tran-sformational Leadership. " *Journal of Applied Social Psychology*, 1997, 27: 477 – 489.

37. Bateman, T. & Crant, M. J. , "The Proactive Component of Organizational Behavior: A Measure and Correlates. " *Journal of Organizational Behavior*, 1993, 14 (2): 103 – 118.

38. Bentler, P. M. & Bonett, D. G. , "Significance Tests and Goodness

of Fit in Analysis of Covariance Structures. ” *Psychological Bulletin*, 1980, 88: 588 – 606.

39. Blau, P. , *Exchange and Power in Social Life.* New York: Wiley. 1964.

40. Bollen, K. A. , *Structural Equations with Latent Variables.* New York: Wiley. 1989.

41. Botero, I. C. & Van Dyne, L. , “ Interactive Effects of LMX and Power Distance in the United States and Colombia. ” *Management Communication Quarterly*, 2009, 23 (1): 84 – 104.

42. Brislin, R. W. , “The Wording and Translation of Research Instruments. ” In Looner, W. J. & Berry, J. W. (Eds.), *Field Methods in Cross – Cultural Research.* Beverly Hills, CA: Sage. 1986: 137 – 164.

43. Browne, M. W. & Cudeck, R. , “ Alternative Ways of Assessing Model Fit. ” In Bollen, K. & Long, J. S. (Eds.), *Testing Structural Equation Models.* Newbury Park, CA: Sage. 1993: 136 – 162.

44. Burgoon, M. , Dillard, J. P. , Doran, N. E. & Miller, M. D. , “ Cultural and Situation Influences on the Process of Persuasive Strategy Selection. ” *International Journal of Intercultural Relations*, 1982, 6 (1): 85 – 100.

45. Burris, E. R. , Detert, J. R. & Chiaburu, D. S. , “ Quitting before Leaving: The Mediating Effects of Psychological Attachment and Detachment on Voice. ” *Journal of Applied Psychology*, 2008, 93 (4): 912 – 922.

46. Carson, P. P. & Carson, K. D. , “ Managing Creativity Enhancement through Goal Setting and Feedback. ” *Journal of Creative Behavior*,

1993, 27: 36 – 45.

47. Chan, S. C. H. & Mak, W. M., " Benevolent Leadership and Follower Performance: The Mediating Role of Leader – member Exchange (LMX) . " *Asia Pacific Journal of Management*, 2012, 29: 285 – 301.

48. Chan, S. C. , "Paternalistic Leadership and Employee Voice: Does Information Sharing Matter?" *Human Relations*, 2014, 67 (6): 667 – 693.

49. Chan, W. S. , A Source Book in Chinese Philosophy. Princeton: Princeton University Press. 1993.

50. Cheng, B. S. , Boer, D. , Lin, T. T. , Chou, W. J. & Tsai, C. Y. , " Paternalistic Leadership in Four East Asian Societies: Generalizability and Cultural Differences of the Triad Model. " *Journal of Cross – Cultural Psychology*, 2014, 45 (1): 82 – 90.

51. Cheng, B. S. , Chou, L. F. , Wu, T. Y. , Huang, M. P. , & Farh, J. L. , "Paternalistic Leadership and Subordinate Responses: Establishing a Leadership Model in Chinese Organizations. " *Asian Journal of Social Psychology*, 2004, 7 (1): 89 – 117.

52. Cheng, B. S. , Huang, M. P. , " Paternalistic Leadership and its Effectiveness: Evidence from Chinese Organizational Teams. " *Journal of Psychology in Chinese Societies*, 2002, 3 (1): 85 – 112.

53. Cheng, B. S. , Shieh, P. Y. & Chou, L. F. , "The Principal's Leadership, Leader – member Exchange Quality, and the Teachers' Extra – role Behaviour: The Effects of Transformational and Paternalistic Leadership. "

Indigenous Psychological Research in Chinese Societies, 2002, 17: 105 – 161.

54. Choi, J. N. , "Individual and Contextual Predictors of Creative Performance: The Mediating Role of Psychological Processes. " *Creativity Research Journal*, 2004, 16: 187 – 199.

55. Chou, L. F. , Cheng, B. S. & Jen, C. K. , "The Contingent Model of Paternalistic Leadership: Subordinate Dependence and Leader Competence. " Paper presented at the Meeting of the Academy of Management, Honolulu, Hawaii. 2005.

56. Cox, C. M. , "Genetic Studies of Genius," In *The Early Mental Traits of Three Hundred Geniuses*. Stanford, CA: Stanford University Press. 1926.

57. Coyle – Shapiro, J. A. & Kessler, I. , "Exploring Reciprocity through the Lens of the Psychological Contract: Employee and Employer Perspectives. " *European Journal of Work and Organizational Psychology*, 2002, 11: 69 – 86.

58. Coyle – Shapiro, J. A. , Kessler, I. & Purcell, J. , "Exploring Organizationally Directed Citizenship Behavior: Reciprocity or 'It's My Job'?" *Journal of Management Studies*, 2004, 41: 85 – 106.

59. Crant, M. J. , "Speaking Up when Encouraged: Predicting Voice Behavior in a Naturally – occurring Setting. " Paper presented at the Annual Meeting of the Academy of Management, Seattle. 2003.

60. Csikszentmihalyi, M. , *Creativity: Flow and the Psychology of Discovery and Invention*, New York, NY: Harper Collins. 1996.

61. Csikszentmihalyi, M. , "Society, Culture, and Person: A Systems

View of Creativity. " In Sternberg, R. J. （Ed. ）, *The Nature of Creativity.* Cambridge: Cambridge University Press. 1988.

62. Cummings, A. & Oldham, G. R. , "Enhancing Creativity: Managing Work Contexts for the High Potential employee. " *California Management Review*, 1997, 40 （1）: 22 – 38.

63. Dansereau, F. , Graen, G. & Haga, W. J. , " A Vertical Dyad Linkage Approach to Leadership Within Formal Organizations. " *Organizational Behavior and Human Performance*, 1975, 13: 46 – 78.

64. Debono, E. , *Six Thinking Hats.* Boston: Little, Brown. 1985.

65. Deci, E. L. & Ryan, R. M. , *Intrinsic Motivation and Self – determination in Human Behavior.* New York: Plenum Press. 1985.

66. Deci, E. L. & Ryan, R. M. , " The Empirical Exploration of Intrinsic Motivational Processes. " *Advances in Experimental Social Psychology.* 1980, 13 （08）: 39 – 80.

67. Depret, E. F. & Fiske, S. T. , " Social Cognition and Power: Some Cognitive Consequences of Social Structure as Source of Control Deprivation. " In Weary, G. Gleicher, F. & Marsh, R. （Eds. ）, *Control Motivation and Social Cognition*, New York: Springer Verlag. 1993.

68. Detert, J. R. & Burris, E. R. , "Leadership Behavior and Employee Voice: Is the Door Really Open?" *Academy of Management Journal*, 2007, 50 （4）: 869 – 884.

69. Deyo, F. C. , "Chinese Management Practices and Work Commitment in Comparative Perspective. " In Gosling, L. A. P. & Lim, L. Y. C. （Eds. ）, The Chinese in Southeast Asia: Identity, Culture and

Politics. Singapore：Maruzen Asia. 1983：215 – 230.

70. Deyo，F. C.，"Local Foremen in Multinational Enterprise：A Comparative Case Study of Supervisory Role – tensions in Western and Chinese Factories of Singapore." *Journal of Management Studies*，1978，15：308 – 17.

71. Dickson，M. W.，Den Hartog，D. N. & Mitchelson，J. K.，"Research on leadership in a cross – cultural context：Making progress, and raising new questions." *The Leadership Quarterly*，2003，14（6）：729 – 768.

72. Dorfman，P. W. & House，R. J.，"Cultural Influence on Organizational Leadership：Literature Review，Theoretical Rationale，and GLOBE Project Goals." In House，R. J.，Hanges，P. J.，Javidan，M.，Dorfman，P. W. & Gupta，V.（Eds.），*Culture，Leadership，and Organizations：The GLOBE Study of 62 Societies*. Thousand Oaks，CA：Sage. 2004：49 – 71.

73. Dorfman，P. W. & Howell，J. P.，"Dimensions of National Culture and Effective Leadership Patterns：Hofstede Revisited." In McGoun，E. G.（Ed.），*Advances in International Comparative Management*. Greenwich，CT：JAI. 1988：127 – 149.

74. Dorfman，P. W.，"International and Cross – cultural Leadership." In Punnett，B. J. and Shenkar，O.（Eds.），*Handbook for International Management Research*（2nd Ed.），Cambridge，MA：Black – well. 1996.

75. Drazin，R.，Glynn，M.，& Kazanjian，R.，"Multilevel Theorizing about Creativity in Organizations：A Sensemaking Perspective." *Academy*

of Management Review, 1999, 24: 286 – 307.

76. Dutton, J. E. , Ashford, S. J. , O'Neill, R. M. , Hayes, E. & Wierba, E. E. , "Reading the Wind: How Middle Managers Assess the Context for Selling Issues to Top Managers. " *Strategic Management Journal*, 1997, 18: 407 – 425.

77. Dvir, T. , Eden, D. , Avolio, B. J. , Shamir, B. , "Impact of Transformational Leadership on Follower Development and Performance: a Field Experiment. " *Academy of Management Journal*, 2002, 45 (4): 735 – 744.

78. Eden, D. , *Pygmalion in Management: Productivity as a Self – fulfilling Prophecy*. Lexington, MA: Lexington Books. 1990.

79. Edmondson, A. C. , "Speaking up in the Operating Room: How Team Leaders Promote Learning in Interdisciplinary Action Teams. " *Journal of Management Studies*, 2003, 40: 1419 – 1452.

80. Edmondson, A. , "Psychological Safety and Learning Behavior in Work Teams. " *Administrative Science Quarterly*, 1999, 44: 350 – 383.

81. Eisenberger, R. & Selbst, M. , "Does Reward Increase or Decrease Creativity?" *Journal of Personality and Social Psychology*, 1994, 66: 1116 – 1127.

82. Emerson, R. M. , "Power – dependence Relations. " *American Sociological Review*, 1962, 27: 31 – 41.

83. Erez, M. , "Toward a Model of Cross – cultural I/O Psychology. " In Dunnette, M. D. & Hough, L. (Eds.), *Handbook of Industrial and Organizational Psychology*. Palo Alto, CA: Consulting Psychologists

Press. 1994：559－607.

84. Fairhurst, G. T., "The Leader－member Exchange Patterns of Women Leaders in Industry：A Discourse Analysis." *Communication Monographs*, 1993, 60（4）：321－351.

85. Farh, J. L. & Cheng, B. S., "A Cultural Analysis of Paternalistic Leadership in Chinese Organizations." In Li, J. T., Tsui, A. S. & Weldon, E. （Eds.）, *Management and organizations in the Chinese Context.* London：Macmillan. 2000.

86. Farh, J. L., Cheng, B. S., Chou, L. F. & Chu, X. P., "Authority and Benevolence：Employees' Eesponses to Paternalistic Leadership in China." In Tsui, A. S. Bian, Y. & Cheng, L. （Eds.）, *China's Domestic Private Firms：Multidisciplinary Perspectives on Management and Performance.* New York：Sharpe. 2006.

87. Farh, J. L., Hackett, R. D. & Liang, J., "Individual－level Cultural Values as Moderators of Perceived Organizational Support－employee Outcome Relationship in China：Comparing the Effects of Power Distance and Traditionality." *Academy of Management Journal*, 2007, 50（3）：715－729.

88. Farh, J. L., Liang, J., Chou, L. F. & Cheng, B. S., "Paternalistic Leadership in Chinese Organizations：Research Progress and Future Research Directions." In Chen, C. C. & Lee, Y. T. （Eds.）, Business Leadership in China：Philosophies, Theories, and Practices. Cambridge, UK：Cambridge University Press. 2008：171－205.

89. Farmer, S. M., Tierney, P. & Kung－McIntyre, K., "Employee

Creativity in Taiwan: An Application of Role Identity Theory." *Academy of Management Journal*, 2003, 46: 618 – 630.

90. Farrell, D., "Exit, Voice, Loyalty, and Neglect as Responses to Job Dissatisfaction: A Multidimensional Scaling Study." *Academy of Management Journal*, 1983, 26: 596 – 607.

91. Farr, J. L. & Ford, C. M., "Individual Innovation." In West, M. A. & Farr, J. L. (Eds.), Innovation and Creativity at Work. Chichester, England: Wiley. 1990: 63 – 80.

92. Folger, R. & Cropanzano, R., *Organizational Justice and Human Resource Management*. London: Sage. 1998.

93. Ford, C., "A Theory of Individual Creative Action in Multiple Social Domains." *Academy of Management Review*, 1996, 21: 1112 – 1142.

94. French, J. R. P. & Raven, B., "The Bases of Social Power." In Cartwright, D. P. (Ed.), *Studies in Social Power*. Ann Arbor: University of Michigan. 1959: 150 – 167.

95. Frese, M. & Fay, D., "Personal Initiative: An Active Performance Concept for Work in the 21st Century." *Research in Organizational Behavior*, 2001, 23: 133 – 187.

96. George, J. M. & Zhou, J., "Dual Tuning in a Supportive Context: Joint Contributions of Positive Mood, Negative Mood, and Supervisory Behaviors to Employee Creativity." *Academy of Management Journal*, 2007, 50: 605 – 622.

97. George, J. M. & Zhou, J., "Understanding when Bad Moods Foster Creativity and Good Ones don't: The Role of Context and Clarity of

Feelings. " *Journal of Applied Psychology*, 2002, 87: 687 – 697.

98. George, J. M. & Zhou, J., "When Openness to Experience and Conscientiousness are Related to Creative Behavior: An Interactional Approach. " *Journal of Applied Psychology*, 2001, 86 (3): 513 – 524.

99. Gerbing, D. W. & Anderson, J. C., "Monte Carlo Evaluations of Goodness of Fit Indices for Structural Equation Models. " In Bollen, K. & Long, J. S. (Eds.), *Testing Structural Equation Models.* Newbury Park, CA: Sage. 1993: 40 – 65.

100. Gerstner, C. R. & Day, D. V., "Meta – analytic Review of Leader – member Exchange Theory: Correlates and Construct Issues. " *Journal of Applied Psychology*, 1997, 82: 827 – 844.

101. Gibson, F. W., Fielder, F. E. & Barrett, K. M., "Stress, Babble, and the Utilization of the Leader's Intellectual Ability. " *Leadership Quarterly*, 1993, 4: 189 – 208.

102. Gist, M. E. & Mitchell, T. R., "Self – efficacy: A Theoretical Analysis of its Determinations and Malleability. " *Academy of Management Review*, 1992, 17: 183 – 211.

103. Gong, Y., Huang, J. C. & Farh, J. L., "Employee Learning Orientation, Transformational Leadership, and Employee Creativity: The Mediating Role of Employee Creative Self – efficacy. " *Academy of Management. Academy of Management Journal*, 2009, 25 (4): 765 – 778.

104. Gordon, W. J. J., *Synectics: The Development of Creative Capacity.* Oxford, England: Harper. 1961.

105. Gorsuch, R. L., "Exploratory Factor Analysis: its Role in Item

Analysis. " *Journal of Personality Assessment*, 1997, 68 (3): 532 – 560.

106. Gough, H. G. , "A Creativity Scale for the Adjective Check List. " *Journal of Personality and Social Psychology*, 1979, 37: 1398 – 1405.

107. Gouldner, A. W. , " The Norm of Reciprocity: A Preliminary Statement. " *American Sociological Reviews*, 1960, 25: 161 – 178.

108. Graen, G. B. , "Role Making Processors within Complex Organizations. " In Dunnette, M. D. (Ed.), *Handbook of Industrial and Organizational Psychology*. Chicago: Rand McNally. 1976.

109. Graen, G. B. & Scandura, T. A. , " Toward a Psychology of Dyadic Organizing. " In Cummings, L. L. & Staw, B. M. (Eds.), *Research in Organizational Behavior*, 1987, 9: 175 – 208.

110. Graen, G. B. & Uhl – Bien, M. , "Relationship – based Approach to Leadership: Development of Leader – member Exchange (LMX) Theory of Leadership over 25 Years: Applying a Multi – level Multi – domain Perspective. " *Leadership Quarterly*, 1995, 6: 219 – 247.

111. Graen, G. B. & Uhl – Bien, M. , "Relationship – based Approach to Leadership: Development of Leader – member Exchange (LMX) Theory of Leadership over 25 Years: Applying a Multi – level Multi – domain Perspective. " *Leadership Quarterly*, 1995, 6: 219 – 247.

112. Graham, J. W. & Van Dyne, L. , " Gathering Information and Exercising Influence: Two Forms of Civic Virtue Organizational Citizenship Behavior. " *Employee Responsibilities and Rights Journal*, 2006, 18: 89 – 109.

113. Grant, A. M. & Ashford, S. J. , "The Dynamics of Proactivity at Work." In Staw, B. M. & Brief, A. P. (Eds.), *Research in Organizational Behavior.* New York: Elsevier. 2008.

114. Grant, A. M. , Parker, S. & Collins, C. , "Getting Credit for Proactive Behavior: Supervisor Reactions Depend on What you Value and How you Feel." *Personnel Psychology*, 2009, 62 (1): 31 – 55.

115. Greene, T. R. & Noice, H. , "Influence of Positive Affect upon Creative Thinking and Problem Solving in Children." *Psychological Reports*, 1988, 63: 895 – 898.

116. Guilford, J. P. , "Intellectual Resources and Their Values as Seen by Scientists." In Taylor, C. W. & Barron, F. (Eds.), *Scientific Creativity: Its Recognition and Development.* New York: Wiley. 1963.

117. Guilford, J. P. , The Nature of Human Intelligence. New York: McGraw – Hill. 1967.

118. Guilford, J. P. , "Traits of Creativity." In Anderson, H. H. (Ed.), *Creativity and its Cultivation.* New York: Harper. 1959: 142 – 161.

119. Gumusluoglu, L. & Ilsev, A. , "Transformational Leadership, Creativity, and Organizational Innovation." *Journal of Business Research*, 2009, 62: 461 – 473.

120. Hall, R. J. , Snell, A. & Foust, M. S. , "Item Parceling Strategies in SEM: Investigating the Subtle Effects of Unmodeled Secondary Constructs." *Organizational Research Methods*, 1999, 2: 233 – 256.

121. Hernandez, M. , Eberly, M. B. , Avolio, B. J. & Johnson, M. D. ,

"The Loci and Mechanisms of Leadership: Exploring a More Comprehensive View of Leadership Theory." *The Leadership Quarterly*, 2011, 22: 1165 – 1185.

122. Hill, R. C. & Levenhagen, M., "Metaphors and Mental models: Sense – making and Sense – giving in Innovative and Entrepreneurial Activities." *Journal of Management*, 1995, 21 (6): 1057 – 1074.

123. Hinkin, T. R., "A Review of Scale Development Practices in Organizations." *Journal of Management*, 1995, 21 (5): 967 – 988.

124. Hirschman, A. O., *Exit, Voice, and Loyalty: Responses to Decline in Firms, Organizations, and States.* Cambridge, MA: Harvard University Press. 1970.

125. Hirst, G., Van Kippenberg, D., Zhou, J., "Cross – level Perspective on Employee Creativity: Goal Orientation, Team Learning Behavior, and Individual Creativity." *Academy of Management Journal*, 2009, 52 (2): 280 – 293.

126. Hirt, E. R., McDonald, H. E. & Melton, R. J., "Processing Goals and the Affect – performance Link: Mood as Main Effect or Mood as Input?" In Martin, L. L. & Tesser, A. (Eds.), *Striving and Feeling: Interactions Among Goals, Affect, and Self – regulation.* Mahwah, NJ: Elrbaum. 1996: 303 – 328.

127. Ho, C. S. *A Cross – cultural Study of the Precursors of Reading.* University of Oxford Press, 1994.

128. Hofmann, D. A., Morgeson, F. P. & Gerras, S. J., "Climate as a Moderator of the Relationship Between Leader – member Exchange

and Content Specific Citizenship: Safety Climate as an Exemplar. " *Journal of Applied Psychology*, 2003, 88: 170 – 178.

129. Hofstede, G. , "Cultural Constraints in Management Theories. " *Academy of Management Executive*, 1993, 7 (1): 81 – 94.

130. Hofstede, G. , *Culture's Consequences: Comparing Values, Behaviors, Institutions, and Organizations across Nations.* Thousand Oaks, CA: Sage. 2001.

131. Hofstede, G. , *Culture's Consequences: International Differences in Work – related Values.* Beverly Hills, CA: Sage. 1980.

132. Hofstede, G. , "Motivation, Leadership, and Organization: Do American Theories Apply Abroad?" *Organizational Dynamics*, 1980b, 10 (1): 42 – 63.

133. Hornstein, H. A. , *Managerial Courage: Revitalizing Your Company without Sacrificing Your Job.* New York: Wiley. 1986.

134. House, R. J. , Hanges, P. J. , Javidan, M. , Dorfman, P. W. & Gupta, V. (Eds.). *Culture, Leadership, and Organizations: The GLOBE Study of 62 Societies.* Thousand Oaks, CA: Sage. 2004.

135. Howell, J. M. & Avolio, B. J. , "Transformational Leadership, Transactional Leadership, Locus of Control and Support for Innovation: Key Predictors of Consolidated – business – unit Performance. " *Journal of Applied Psychology*, 1993, 78 (6): 891 – 902.

136. Howell, J. P. , Dorfman, P. W. & Kerr, S. , "Moderator Variables in Leadership Research. " *Academy of Management Review*, 1986, 11: 88 – 102.

137. Hu，L. & Bentler，P. M. ，"Fit Indices in Covariance Structure Modeling：Sensitivity to Underparameterized Model Misspecification. " *Psychological Methods*，1998，3（4）：424 – 453.

138. Ilies，R. ，Nahrgang，J. D. & Morgeson，F. P. ，"Leader – member Exchange and Citizenship Behaviors：A Meta – analysis. " *Journal of Applied Psychology*，2007，92：269 – 277.

139. Jaccard，J. & Wan，C. K. ，"LISREL Approaches to Interaction Effects in Multiple Regression. " In Lewis – Beck，M. S. （Ed.)，*Quantitative Applications in the Social Sciences*. Thousand Oaks，CA：Sage. 1996.

140. Janssen，O. ，de Vries，T. & Cozijnsen，A. J. ，"Voicing by Adapting and Innovating Employees：An Empirical Study on How Personality and Environment Interact to Affect Voice Behavior. " *Human Relations*，1998，51：945 – 967.

141. Janssen，O. & Huang，X. ，"Us and me：Team Identification and Individual Differentiation as Complementary Drivers of Team Members' Citizenship and Creative Behaviors. " *Journal of Management*，2008，34（1）：69 – 88.

142. Janssen，O. & Van Yperen，N. W. ，"Employees' Goal Orientation，the Quality of Leader – member Exchange，and the Outcomes of Job Performance and Job Satisfaction. " *Academy of Management Journal*，2004，47（3）：368 – 384.

143. Jaussi，K. S. & Dionne，S. D. ，"Leading for Creativity：The Role of Unconventional Leader Behavior. " *Leadership Quarterly*，2003，

14：475 – 498.

144. Johnson, R. A. & Schulman, G. I. , "Gender – role Composition and Role Entrapment in Decision Making Groups. " *Gender & Society*, 1989, 3：355 – 372.

145. Jones, F. E. , "Predictor Variables for Creativity in Industrial Science. " *Journal of Applied Psychology*, 1964, 48：134 – 136.

146. Jöreskog, K. G. & Sörbom, D. , *LISREL* 8：*Structural Equation Modeling with the SIMPLIS Command Language.* Hillsdale, NJ：Scientific Software. 1993.

147. Jung, D. I. & Avolio, B. J. , "Effects of Leadership Style and Followers' Cultural Orientation on Performance in Group and Individual Task Conditions. " *Academy of Management Journal*, 1999, 42（2）：208 – 218.

148. Jung, D. I. , Chow, C. & Wu, A. , "The Role of Transformational Leadership in Enhancing Organizational Innovation：Hypotheses and Some Preliminary Findings. " *Leadership Quarterly*, 2003, 14：525 – 544.

149. Jung, D. I. , "Transformational and Transactional Leadership and Their Effects on Creativity in Groups. " *Creativity Research Journal*, 2001, 13（2）：185 – 195.

150. Kahai, S. S. , Sosik, J. J. & Avolio, B. J. , "Effects of Leadership Style and Problem Structure on Work Group Processes and Outcomes in an Electronic Meeting System Environment. " *Personnel Psychology*, 1997, 50：121 – 146.

151. Kahai, S. S. , Sosik, J. J. & Avolio, B. J. , "Effects of Leadership

Style, Anonymity, and Rewards on Creativity – relevant Processes and Outcomes in an Electronic Meeting System Context. " *Leadership Quarterly*, 2003, 14: 499 – 524.

152. Kahn, W. A. , "Psychological Conditions of Personal Engagement and Disengagement at Work. " *Academy of Management Journal*, 1990, 33: 539 – 563.

153. Kahn, W. A. , "Relational Systems at Work. " *Research in Organizational Behavior*, 1998, 20: 39 – 76.

154. Kamdar, D. , McAllister, D. J. & Turban, D. B. , " ' All in a Day's Work ' : How Follower Individual Differences and Justice Perceptions Predict OCB Role Definitions and Behavior. " *Journal of Applied Psychology*, 2006, 91 (4): 841 – 855.

155. Kanter, R. M. , *The Change Masters.* New York: Simon & Schuster. 1983.

156. Kanter, R. M. , "When a Thousand Flowers Bloom: Collective and Social Conditions for Innovation in Organizations. " In Staw, B. M. & Cummings, L. L. (Eds.), *Research in Organizational Behavior*, 1988, 10: 169 – 211.

157. Karakas, F. & Sarigollu, E. , "The Role of Leadership in Creating Virtuous and Compassionate Organizations: Narratives of Benevolent Leadership in an Anatolian Tiger. " *Journal of Business Ethics*, 2013, 113: 663 – 678.

158. Katz, D. & Kahn, R. L. , *The Social Psychology of Organisations* (2nd edition) . New York: Wiley. 1978.

159. Katz, D. & Kahn, R. L. , *The Social Psychology of Organizations.* New

York: Wiley. 1966.

160. Kay, P., *An Act Frequency Study of Exit*, *Voice*, *Loyalty and Neglect*. Unpublished Honors Thesis, Department of Psychology, Queen's University, Kingston, Ontario. 1989.

161. Keller, R. T. & Holland, W. E., "The Measurement of Performance Among Research and Development Professional Employees: A Longitudinal Analysis. " *IEEE Transactions on Engineering Management*, 1982: EM – 29, 54 – 58.

162. Kidder, D. L. & Parks, J. M. , " The Good Soldier: Who is s (he)?" *Journal of Organizational Behavior*, 2001, 22: 939 – 959.

163. Kirton, M. J. , " Adaptors and Innovators: A Description and Measure. " *Journal of Applied Psychology*, 1976, 61: 622 – 629.

164. Kirton, M. J. , *Adaptors and Innovators: Styles of Creativity and Problem Solving* (2nd ed.) . New York: Routledge. 1994.

165. Krone, K. J. , "Achieving Communication Goals in Superior Subordinate Relationships: Upward Influence Maintenance Tactics. " *Communication Quarterly*, 1992, 40 (1): 1 – 15.

166. Krone, K. J. , "Effects of Leader Member Exchange on Subordinates' Upward Influence Attempts. " *Communication Research Reports*, 1991, 8: 9 – 18.

167. Lam, S. S. K. , Hui, C. & Law, K. S. , "Organizational Citizenship Behavior: Comparing Perspectives of Supervisors and Subordinates Across Four International Samples. " *Journal of Applied Psychology*, 1999, 84: 594 – 601.

168. Landau, J. , "To Speak or Not to Speak: Predictors of Voice Propensity. " *Journal of Organizational Culture Communication*, 2009, 13: 76 – 80.

169. Lawrence, I. M. & Dorans, N. J. , "An Assessment of the Dimensionality of SAT – Mathematical. " Paper presented at the Annual Meeting of the National Council on Measurement in Education, Washington, DC. 1987.

170. Lee, C. , Pillutla, M. & Law, K. S. , "Power – distance, Gender and Organizational Justice. " *Journal of Management*, 2000, 26 (4): 686 – 704.

171. LePine, J. A. & Van Dyne, L. , "Predicting Voice Behavior in Work Groups. " *Journal of Applied Psychology*, 1998, 83: 853 – 868.

172. LePine, J. A. & Van Dyne, L. , "Voice and Cooperative Behavior as Contrasting Forms of Contextual Performance: Evidence of Differential Relationships with Big Five Personality Characteristics and Cognitive Ability. " *Journal of Applied Psychology*, 2001, 86: 326 – 336.

173. Liden, R. C. , Wayne, S. J. , Zhao, H. & Henderson, D. , "Servant Leadership: Development of a Multidimensional Measure and Multilevel Assessment. " *Leadership Quarterly*, 2008, 19: 161 – 177.

174. Likert, R. , *The Human Organization: Its Management and Value.* New York: McGraw – Hill. 1967.

175. Lind, E. A. , Kanfer, R. & Earley, P. C. , "Voice, Control, and Procedural Justice: Instrumental and Noninstrumental Concerns

in Fairness Judgments." *Journal of Personality and Social Psychology*, 1990, 59: 952 –959.

176. Lowe, K. B., Kroeck G. K., Sivasubramaniam, N., "Effectiveness Correlates of Transformational and Transactional Leadership: a Meta – analytic Review of the MLQ Literature." *Leadership Quarterly*, 1996, 7 (3): 385 –425.

177. MacKinnon, D. W., *The Personality Correlates of Creativity: A Study of American Architects. Proceedings of the Fourteenth Congress on Applied Psychology.* Copenhagen: Munksgaard. 1962.

178. Madjar, N., Oldham, G. R. & Pratt, M. G., "There's no Place Like Home? The Contributions of Work and Non – work Sources of Creativity Support to Employees' Creative Performance." *Academy of Management Journal*, 2002, 45: 757 –767.

179. Manhart, J. J., "April. Factor Analytic Methods for Determining Whether Multiple – choice and Constructed – response Tests Measure the Same Construct." Paper presented at the Annual Meeting of the National Council on Measurement in Education, New York. 1996.

180. Martinez, P. G., "Paternalism as a Positive Form of Leadership in the Latin American Context: Leader Benevolence, Decision – making Control and Human Resource Management Practices." In Elvira, M. & Davila, A. (Eds.), *Managing Human Resources in Latin America: An Agenda for International Leaders.* Oxford, UK: Routledge. 2005.

181. Martinez, P. G., "Paternalism as a Positive Form of Leader –

subordinate Exchange：Evidence from Mexico." *Journal of Iberoamerican Academy of Management*, 2003, 1：227 – 242.

182. Martinez, S. M. & Dorfman, P. W., "The Mexican Entrepreneur：An Ethnographic Study of the Mexican Enpresario." *International Studies of Management and Organization*, 1998, 28 (2)：97 – 123.

183. Mathieu & Farr, "Further Evidence for the Discriminant Validity of Measures of Organizational Commitment, Job Involvement, and Job Satisfaction." *Journal of Applied Psychology*, 1991, 76 (1)：127 – 133.

184. Mathieu, J. E. & Zajac, D. M., "A Review and Meta – analysis of the Antecedents, Correlates, and Consequences of Organizational Commitment." *Psychological Bulletin*, 1990：108, 171 – 194.

185. Mathur, P., Aycan, Z. & Kanungo, R. N., "Work Cultures in Indian Organizations：A Comparison between Public and Private Sector. *Psychology and Developing Societies*." 1996, 8 (2)：199 – 223.

186. Maznevski, M. L., Distefano, J. J., Gomez, C. B., Nooderhaven, J. G. & Wu, P. C., "Cultural Dimensions at the Individual Level of Analysis：The Cultural Orientations Framework." *International Journal of Cross – Cultural Management*, 2002, 2：275 – 295.

187. McAllister, D. J., Kamdar, D., Morrison, E. W. & Turban, D. B., "Disentangling Role Perceptions：How Perceived Role Breadth, Discretion, Instrumentality, and Efficacy Relate to Helping and Taking Charge." *Journal of Applied Psychology*, 2007, 92：1200 – 1211.

188. McDermid, C. D., "Some Correlates of Creativity in Engineering

Personnel. " *Journal of Applied Psychology*, 1965, 49: 14 – 19.

189. Meyer, A. D. , Tsui, A. S. & Hinings, C. R. , " Configurational Approaches to Organizational Analysis. " *Academy of Management Journal*, 1993, 36 (6): 1175 – 1195.

190. Meyer, J. P. & Allen, N. J. , "A Three – component Conceptualization of Organizational Commitment. " *Human Resource Management Review*, 1991, 1: 61 – 89.

191. Meyer, J. W. & Rowan, B. , " Institutional Organizations: Formal Structure as Myth and Ceremony. " *American Journal of Sociology*, 1977, 83: 343 – 363.

192. Milliken, F. J. , Morrison, E. W. & Hewlin, P. F. , " An Exploratory Study of Employee Silence: Issues that Employees Don't Communicate upward and Why. " *Journal of Management Studies*, 2003, 40: 1453 – 1476.

193. Morrison, E. W. & Milliken, F. J. , " Organizational Silence: A Barrier to Change and Development in a Pluralistic World. " *Academy of Management Review*, 2000, 25 (4): 706 – 725.

194. Morrison, E. W. & Phelps, C. C. , " Taking Charge at Work: Extra Role Efforts to Initiate Workplace Change. " *Academy of Management Journal*, 1999, 42: 403 – 419.

195. Morrison, E. W. , "Role Definitions and Organizational Citizenship Behavior: The Importance of the Employee's Perspective. " *Academy of Management Journal*, 1994, 37: 1543 – 1567.

196. Mumford, M. D. , Scott, G. M. , Gaddis, B. H. & Strange, J. M. ,

"Leading Creative People: Orchestrating Expertise and Relationships." *Leadership Quarterly*, 2002, 13: 705 – 750.

197. Mumford, M. D., Whetzel, D. L. & Reiter – Palmon, R., "Thinking Creatively at Work: Organizational Influences on Creative Problem – solving." *Journal of Creative Behavior*, 1997, 31: 7 – 17.

198. Mumford, M. & Gustafson, S., "Creativity Syndrome: Integration, Application, and Innovation." *Psychological Bulletin*, 1988, 103: 27 – 43.

199. Near, J. P. & Miceli, M. P., "Whistle – blowing: Myth and Reality." *Journal of Management*, 1996, 22: 507 – 526.

200. Nikolaou, I., Vakola, M. & Bourantas, D., "Who Speaks up at Work? Dispositional Influences on Employees' Voice Behavior." *Personnel Review*, 2008, 37 (6): 666 – 679.

201. Nunnally, J. C. & Bernstein, I. H., *Psychometric Theory* (3rd ed.) . New York: McGraw – Hill. 1994.

202. Oldham, G. R. & Cummings, A., "Employee Creativity: Personal and Contextual Factors at Work." *Academy of Management Journal*, 1996, 39: 607 – 634.

203. Organ, D. W., *Organizational Citizenship Behavior: The Good Soldier Syndrome*. Lexington, MA: Lexington Books. 1988.

204. Organ, D. W., Podsakoff, P. M., MacKenzie, S. B., *Organizational Citizenship Behavior: Its Nature, Antecedents, and Consequences*. Thousand Oaks, CA: Sage. 2006.

205. Organ, D. W., "The Motivational Basis of Organizational Citizenship Behaviors." In Cummings, L. L. & Straw, B. M. (Eds.), Research

in Organizational Behavior. Greenwich, CT: JAI. 1990.

206. Osborn, A. F. , *Applied Imagination.* New York: Scribner's. 1953.

207. Osland, J. S. , Franco, S. & Osland, A. , "Organizational Implications of Latin American Culture: Lessons for the Expatriate Manager. " *Journal of Management Inquiry*, 1999, 8: 219 – 234.

208. Ouchi, W. G. , *Theory Z: How American Business can Meet the Japanese Challenge.* Reading, MA: Addison – Wesley. 1981.

209. Padavic, I. & Earnest, W. R. , " Paternalism as a Component of Managerial Strategy. " *Social Science Journal*, 1994, 31 (4): 389 – 405.

210. Parnes, S. , *Creative Behavior Guidebook.* New York: Scribner's. 1967.

211. Pellegrini, E. K. , Scandura, T. A. & Jayaraman, V. , "Generalizability of the Paternalistic Leadership Concept: A Cross – cultural Investigation. " Working paper, University of Missouri, St. Louis. 2007.

212. Pellegrini, E. K. & Scandura, T. A. , " Leader – member Exchange (LMX), Paternalism and Delegation in the Turkish Business Culture: An Empirical Investigation. " *Journal of International Business Studies*, 2006, 37 (2): 264 – 270.

213. Pellegrini, E. K. , Scandura, T. A. , " Paternalistic Leadership: A Review and Agenda for Future Research. " *Journal of Management*, 2008, 34: 566 – 593.

214. Perry – Smith, J. E. & Shalley, C. E. , " The Social Side of Creativity: A Static and Dynamic Social Network Perspective. " *Academy of Management Review*, 2003, 28: 89 – 106.

215. Perry – Smith, J. E. , " Social yet Creative: The Role of Social

Relationship in Facilitating Individual Creativity. " *Academy of Management Journal*, 2006, 49: 85 – 101.

216. Pfeffer, J. & Salancik, G. , *The External Control of Organizations: A Resource Dependence Perspective.* New York: Harper & Row. 1978.

217. Piliavin, J. A. & Martin, R. R. , "The Effects of the Sex Composition of Groups on Style of Social Interaction. " *Sex Roles*, 1978, 4: 281 – 296.

218. Porter, L. W. , Allen, R. W. & Angle, H. L. , "The Politics of Upward Influence in the Organization. " In Cummings, L. L. & Staw, B. M. (Eds.), *Research in Organizational Behaviour.* Greenwich, CT: JAI. 1980, 3: 109 – 149.

219. Porter, M. E. , "The Competitive Advantage of Nations. " *Harvard Business Review*, 1990, 68: 73 – 93.

220. Premeaux, S. F. & Bedeian, A. G. , "Breaking the Silence: The Moderating Effects of Self – monitoring in Predicting Speaking up in the Workplace. " *Journal of Management Studies*, 2003, 40: 1537 – 1562.

221. Pye, L. W. & Pye, M. W. , *Asian Power and Politics: The Cultural Dimensions of Authority.* Harvard University Press. 1985.

222. Raabe, B. & Beehr, T. A. , "Formal Mentoring versus Supervisor and Coworker Relationship: Differences in Perceptions and Impact. " *Journal of Organizational Behavior*, 2003, 24: 271 – 293.

223. Redding, S. G. , The Spirit of Chinese Capitalism. Berlin: Walter de Gruyter. 1990.

224. Redmond, M. , Mumford, M. D. & Teach, R. , "Putting Creativity to Work: Effects of Leader Behavior on Employee Creativity. "

Organizational Behavior and Human Decision Processes, 1993, 55: 120 – 151.

225. Robinson, S. R. & Morrison, E. W. , " Psychological Contracts and OCB: The Effect of Unfulfilled Obligations on Civic Virtue Behavior. " *Journal of Organizational Behavior*, 1995, 16: 289 – 298.

226. Rusbult, C. E. , Farrell, D. , Rogers, G. & Mainous, A. G. , "Impact of Exchange Variables on Exit, Voice, Loyalty, and Neglect: An Integrative Model of Responses to Declining Job Satisfaction. " *Academy of Management Journal*, 1988, 31: 599 – 627.

227. Ryan, K. D. & Oestreich, D. K. , *Driving Fear out of the Workplace: How to Overcome the Invisible Barriers to Quality, Productivity, and Innovation.* San Francisco: Jossey – Bass. 1991.

228. Ryan, K. D. & Oestreich, D. K. , Driving Fear out of the Workplace (2nd ed.) . San Francisco: Jossey – Bass. 1998.

229. Salancik, G. R. & Pfeffer, J. , " A Social Information Processing Approach to Job Attitudes and Task Design. " *Administrative Science Quarterly*, 1978, 23: 224 – 253.

230. Saunders, D. M. , Sheppard, B. H. , Knight, V. & Roth, J. , " Employee Voice to Supervisors. " *Employee Rights and Responsibilities Journal*, 1992, 5: 241 – 259.

231. Scandura, T. A. & Graen, G. B. , " Moderating Effects of Initial Leader – member Exchange Status on the Effects of a Leadership Intervention. " *Journal of Applied Psychology*, 1984, 69: 418 – 436.

232. Scandura, T. A. , Von Glinow, M. A. & Lowe, K. B. , " When East Meets West: Leadership 'Best Practices' in the United States

and the Middle East. " In Mobley, W. (Ed.), Advances in Global Leadership. Stamford, CT: JAI. 1999: 235 – 248.

233. Schau, C. , Stevens, J. , Dauphinee, T. L. & Vecchio, A. D. , "The Development and Validation of the Survey of Attitudes toward Statistics. " *Educational and Psychological Measurement*, 1995, 55: 868 – 875.

234. Schriesheim, C. A. , Hinkin, T. R. & Podsakoff, P. M. , "Can Ipsative and Single – item Measures Produce Erroneous Results in Field Studies of French and Raven's Five Bases of Power?" *Journal of Applied Psychology*, 1959, 76 (1): 106 – 114.

235. Scott, S. G. & Bruce, R. A. , "Determinants of Innovative Behavior: A Path Model of Individual Innovation in the Workplace. " *Academy of Management Journal*, 1994, 37: 580 – 607.

236. Shalley, C. E. , "Effects of Coaction, Expected Evaluation, and Goal Setting on Creativity and Productivity. " *Academy of Management Journal*, 1995, 38: 483 – 503.

237. Shalley, C. E. , "Effects of Productivity Goals, Creativity Goals, and Personal Discretion on Individual Creativity. " *Journal of Applied Psychology*, 1991, 76: 179 – 185.

238. Shalley, C. E. , Gilson, L. L. & Blum, T. C. , "Matching Creativity Requirements and the Work Environment: Effects on Satisfaction and Intention to Leave. " *Academy of Management Journal*, 2000, 43: 215 – 223.

239. Shalley, C. E. & Gilson, L. L. , "What Leaders Need to Know: A

Review of Social and Contextual Factors that can Foster or Hinder Creativity." *Leadership Quarterly*, 2004, 15: 33 – 54.

240. Shalley, C. E. & Oldham, G. R., "Competition and Creative Performance: Effects of Competitor Presence and Visibility." *Creativity Research Journal*, 1997, 10: 337 – 345.

241. Shalley, C. E. & Perry – Smith, J. P., "Effects of Social – psychological Factors on Creative Performance: The Role of Information and Controlling Expected Evaluation and Modeling Experience." *Organizational Behavior and Human Decision Processes*, 2001, 84: 1 – 22.

242. Shalley, C. E., Zhou, J. & Oldham, G. R., "Effects of Personal and Contextual Characteristics on Creativity: Where Should We Go from Here?" *Journal of Management*, 2004, 30: 933 – 958.

243. Shalley, C. E. & Zhou, J., "Organizational Creativity Research: A Historical Overview." In Zhou, J. & Shalley, C. E. (Eds.) *Handbook of Organizational Creativity*. Lawrence Erlbaum Associetes. Taylor & Francis Group. 2008: 3 – 31.

244. Sharma, S., *Applied Multivariate Techniques*, New York: John Wiley & Sons. 1995.

245. Shin, S. J. & Zhou, J., "Transformational Leadership, Conservation, and Creativity: Evidence from Korea." *The Academy of Management Journal*, 2003, 46 (6): 703 – 714.

246. Silin, R. H., *Leadership and Value: The Organization of Large – scale Taiwan Enterprises*. Cambridge, MA: Harvard University. 1976.

247. Smith, R. J., China's Cultural Heritage: *The Qing Dynasty*, 1644 –

1912. Colorado: Westview Press. 1994.

248. Sosik, J. J., Avolio, B. J. & Kahai, S. S., "Effects of Leadership Style and Anonymity on Group Potency and Effectiveness in a Group Decision Support System Environment." *Journal of Applied Psychology*,, 1997, 82 (82): 89 – 103.

249. Sosik, J. J., Avolio, B. J. & Kahai, S. S., "Inspiring Group Creativity: Comparing Anonymous and Identified Electronic Brainstorming." *Small Group Research*, 1998, 29: 3 – 31.

250. Sosik, J. J., Kahai, S. S. & Avolio, B. J., "Leadership Style, Anonymity, and Areativity in Group Decision Support Systems: The Mediating Role of Optimal Flow." *Journal of Creative Behavior*, 1999, 33 (4): 227 – 256.

251. Sparrowe, R. T. & Liden, R. C., "Process and Structure in Leader – Member Exchange." *Academy of Management Review*, 1997, 22 (2): 522 – 552.

252. Sprague, J. & Ruud, G. L., "Boat – rocking in the High – technology Culture." *American Behavioral Scientist*, 1988, 32: 169 – 193.

253. Stamper, C. L. & Van Dyne, L., "Work Status and Organizational Citizenship Behavior: A Field Study of Restaurant Employees." *Journal of Organizational Behavior*, 2001, 22: 517 – 536.

254. Staw, B. M. & Boettger, R. D., "Task revision: A neglected form of work performance." *Academy of Management Journal*, 1990, 33: 534 – 559.

255. Sternber, R. J. & Lumbart, T. I., "The Concepts of Creativity:

Prospects and Paradigms. " InSternberg, R. J. (Ed.), *Handbook of Creativity*. Cambridge University Press. 1999: 3 - 15.

256. Stogdill, R. M. , *The Handbook of Leadership: A Survey of Theory and Research*. New York: Free Press. 1974.

257. Strodtbeck, F. L. & Mann, R. D. , "Sex Role Differentiation in Jury Deliberations. " *Sociometry*, 1956, 19: 3 - 11.

258. Tangirala, S. & Ramanujam, R. , "Exploring Non - linearity in Employee Voice: The Effects of Personal Control and Organizational Identification. " *Academy of Management Journal*, 2008, 51 (6): 1189 - 1203.

259. Tepper, B. J. , Lockhart, D. & Hoobler, J. , "Justice, Citizenship, and Role Definition Effects. " *Journal of Applied Psychology*, 2001, 86 (4): 789 - 796.

260. Tepper, B. J. & Taylor, E. C. , "Relationships Among Supervisors' and Subordinates' Procedural Justice Perceptions and Organizational Citizenship Behaviors. " *Academy of Management Review*, 46 (1): 97 - 105.

261. Thibaut, J. & Walker, L. , *Procedural Justice: A Psychological Analysis*. Hillsdale, NJ: Erlbaum. 1975.

262. Tierney, P. & Farmer, S. M. , "Creative Self - Efficacy Development and Creative Performance over Time. " *Journal of Applied Psychology*, 2011, 96 (2): 277 - 293.

263. Tierney, P. & Farmer, S. M. , "Creativity Self - efficacy: Potential Antecedents and Relationship to Creative Performance. " *Academy of Management Journal*, 2002, 45: 1137 - 1148.

264. Tierney, P., Farmer, S. M., "The Pygmalion Process and Employee Creativity." *Journal of Management*, 2004, 30: 413 - 432.

265. Torrance, E. P., *Guiding Creative Talent*. Englewood Cliffs, NJ: Prentice Hall. 1962.

266. Torrance, E. P., *The Torrance Tests of Creative Thinking*. Bensonville, IL: Scholastic Testing Services. 1974.

267. Triandis, C. H., "The Contingency Model in Cross - cultural Perspective." In Chemers, M. M. & Ayman, R. (Eds.), *Leadership Theory and Research Perspectives and Directions*. San Diego: Academic Press. 1993: 167 - 188.

268. Tsui, A. S. & Farh, J. L., "Where Guanxi Matters? Relational Demography and Guanxi and Technology." *Work and Occupations*, 1997, 24 (1): 56 - 79.

269. Tsui, A. S., Pearce, J. L., Porter, L. W. & Tripoli, A. M., "Alternative Approaches to the Employee - organization Relationship: Does Investment in Employees Pay off?" *Academy of Management Journal*, 1997, 40: 1089 - 1121.

270. Tsui, A. S. & Wu, J. B., "The New Employment Relationship versus the Mutual Investment Approach: Implications for Human Resource Management." *Human Resource Management*, 2005, 44 (2): 115 - 121.

271. Uhl - Bien, M. & Maslyn, M., "Paternalism as a Form of Leadership: Differentiating Paternalism from Leader - member Exchange." Paper Presented at the Meeting of the Academy of

Management, Honolulu, Hawaii. 2005.

272. Uhl – Bien, M., Tierney, P., Graen, G. & Wakabayashi, M., "Company Paternalism and the Hidden Investment Process: Identification of the 'Right Type' for Line Managers in Leading Japanese Organizations." *Group and Organization Studies*, 1990, 15: 414 – 430.

273. Unsworth, K., "Unpacking Creativity." *Academy of Management Review*, 2001, 26: 289 – 297.

274. Van Dyne, L., Ang, S. & Botero, I. C., "Conceptualizing Employee Silence and Voice as Multidimensional Constructs." *Journal of Management Studies*, 2003, 40: 1359 – 1392.

275. Van Dyne, L., Cummings, L. L. & Parks, J. M., "Extra – role Behaviors: In Pursuit of Construct and Definitional Clarity." In Cummings, L. L. & Staw, B. M. (Eds.), *Research in Organizational Behavior*. Greenwich, CT: JAI Press. 1995: 215 – 285.

276. Van Dyne, L., Kamdar, D. & Joiremand, J., "In – role Perceptions Buffer the Negative Impact of Low LMX on Helping and Enhance the Positive Impact of High LMX on Voice." *Journal of Applied Psychology*, 2008, 93 (6): 1195 – 1207.

277. Van Dyne, L. & LePine, J. A., "Helping and Voice Extra – role Behaviors: Evidence of Construct and Predictive Validity." *Academy of Management Journal*, 1998, 41: 108 – 119.

278. Van Veldhoven, M. & Dorenbosch, L., "Age, Proactivity and Career Development." *Career Development International*, 2008, 13

（2）：112 - 131.

279. VanZelst, R. H. & Kerr, W. A. , "Workers' Attitudes toward Merit Rating. " *Personnel Psychology*, 1953, 6：159 - 172.

280. Waldron, V. R. , " Communication Practices of Followers, Members, and Protégés：The Cause of Upward Influence Tactics. " In Roloff, M. E. （Ed. ）, *Communication Yearbook*. Thousand Oaks, CA：Sage. 1999：251 - 299.

281. Waldron, V. R. , Hunt, M. D. & Dsilva, M. , " Towards a Threat Management Model of Upward Communication：A Study of Influence and Maintenance Tactics in Leader - member Dyad. " *Communication Studies*, 1993, 44：254 - 272.

282. Wang, A. C. & Cheng, B. S. , "When does Benevolent Leadership Lead to Creativity? The Moderating Role of Creative Role Identity and Job Autonomy. " *Journal of Organizational Behavior*, 2010, 31：106 - 121.

283. Weick, K. E. & Sutcliffe, K. M. , *Managing the Unexpected：Assuring High Performance in an Age of Complexity*. San Francisco, CA：Jossey - Bass. 2001.

284. Westwood, R. , "Harmony and Patriarchy：The Cultural Basis for 'Paternalistic Headship' among the Overseas Chinese. " *Organization Studies*, 1997, 18（3）：445 - 480.

285. Westwood, R. I. & Chan, A. , "Headship and Leadership. " In Westwood, R. I. （Ed. ）, *Organizational Behaviour：A Southeast Asian Perspective*. Hong Kong：Longman Group. 1992.

286. Whiting, S. W. , Podsakoff, P. M. & Pierce, J. R. , "Effects of Task Performance, Helping, Voice, and Organizational Loyalty on Performance Appraisal Ratings. " *Journal of Applied Psychology*, 2008, 93 (1): 125 – 139.

287. Withey, M. J. & Cooper, W. H. , "Predicting Exit, Voice, Loyalty, and Neglect. " *Administrative Science Quarterly*, 1989: 521 – 539.

288. Woodman, R. W. , Sawyer, J. E. & Griffin, R. W. , "Toward a Theory of Organizational Creativity. " *Academy of Management Review*, 1993, 18: 293 – 321.

289. Wrzesniewski, A. & Dutton, J. E. , "Crafting a Job: Revisioning Employees as Active Crafters of Their Work. " *Academy of Management Journal*, 2001, 26: 179 – 201.

290. Yang, C. F. & Chiu, C. Y. , "The Dilemma Facing Chinese Subjects in Answering Questionnaires: Reflecting on the Over – reliance on Western Rating Scales in Research. " *Chinese Journal of Psychology*, 1987, 29: 59 – 78.

291. Yang, K. S. , "Chinese Social Orientation: An Integrative Analysis. " in Cheng, L. Y. Cheung, F. M. C. and Chen, C. N. (eds), *Psychotherapy for the Chinese* (Selected Papers from the First International Conference) . Hong Kong: The Chinese University of Hong Kong. 1993: 19 – 56.

292. Yang, K. S. , Yu, A. B. & Yeh, M. H. , "Chinese Individual Modernity and Traditionality: Construct Definition and Measurement. " In Yang, K. S. & Yu, A. B. (Eds.), *Chinese Psychology and Behaviour*. Taipei,

Taiwan：Laureat. 1989：241 – 306.

293. Yang, L. S., "The Concept of Pao as a Basis for Social Relations in China." In：Fairbank, J. K. （ed）. *Chinese Thought and Institutions*. Chicago：University of Chicago Press. 1957：291 – 309.

294. Zellars, K. L., Tepper, B. J. & Duffy, M. K., "Abusive Supervision and Subordinates' Organizational Citizenship Behavior." *Journal of Applied Psychology*, 2002, 87：1068 – 1076.

295. Zhou, J., "Feedback Valence, Feedback Style, Task Autonomy, and Achievement Orientation：Interactive Effects on Creative Performance." *Journal of Applied Psychology*, 1998, 83：261 – 276.

296. Zhou, J. & George, J. M., "When Job Dissatisfaction Leads to Creativity：Encouraging the Expression of Voice." *Academy of Management Journal*, 2001, 44：682 – 696.

297. Zhou, J., "When the Presence of Creative Coworkers is Related to Creativity：Role of Supervisor Close Monitoring, Developmental Feedback, and Creative Personality." *Journal of Applied Psychology*, 2003, 88：413 – 422.

298. 樊景立、郑伯壎:《华人组织的家长式领导：一项文化观点的分析》,《本土心理学研究》（台北）2000 年第 13 期。

299. 侯杰泰、温忠麟、成子娟:《结构方程模型及其应用》,教育科学出版社,2004。

300. 黄丹亭:《员工参与教育训练对专业能力、工作态度及薪资收入之间关联性探讨》,硕士论文,台湾中央大学,2007。

301. 李佳燕:《直属主管情绪表现与部属工作态度：部属情绪感受

与情绪感染性的不同效果》，硕士论文，台湾大学心理学研究所，2001。

302. 凌文辁：《中国人的领导行为》，载杨中芳、高尚仁（主编）《中国人、中国心——人格与社会篇》，远流出版公司，1991。

303. 凌文辁、陈龙、王登：《CPM 领导行为评价量表的构建》，《心理学报》1987 年第 2 期。

304. 凌文辁、方俐洛、艾卡儿：《内隐领导理论的中国研究——与美国的研究进行比较》，《心理学报》1991 年第 3 期。

305. 刘密、龙立荣、祖伟：《主动性人格的研究现状与展望》，《心理学进展》2007 年第 2 期。

306. 邱浩政：《结构方程模式：LISREL 的理论、技术与应用》，双叶书廊，2004。

307. 李艳、孙健敏、焦海涛：《分化与整合——家长式领导研究的走向》，《心理科学进展》2013 年第 7 期。

308. 温忠麟、侯杰泰、张蕾：《调节效应与中介效应的比较和应用》，《心理学报》2005 年第 2 期。

309. 务凯、赵国祥：《中国大陆地区家长式领导的结构与测量》，《心理研究》2009 年第 2 期。

310. 吴宗祐、徐玮玲、郑伯壎：《怒不可遏或忍气吞声？华人企业中主管威权领导行为与部属愤怒情绪反应的关系》，《本土心理学研究》（台北）2002 年第 18 期。

311. 杨国枢：《现代化与中国文化》，天津人民出版社，1995。

312. 杨毅：《家长式领导风格量表的修订》，《山东商业职业技术学院学报》2009 年第 2 期。

313. 于海波、郑晓明、李永瑞：《家长式领导对组织学习的作用——基于家长式领导三元理论的观点》，《管理学报》2009 年第 5 期。

314. 余英时：《史学与传统》，时报出版公司，1976。

315. 张文彤：《SPSS 11 统计分析教程》，北京邮电大学出版社，2002。

316. 张新安、何惠、顾锋：《家长式领导行为对团队绩效的影响：团队冲突管理方式的中介作用》，《管理世界》2009 年第 3 期。

317. 郑伯壎：《家长权威与领导行为之关系：一个台湾民营企业主持人的个案研究》，《中央研究院民族学研究所集刊》（台北）1995 年第 79 期（1995a）。

318. 郑伯壎：《相似或相异：海峡两岸组织文化之比较研究》，《台湾与大陆的企业文化及人力资源管理研讨会论文》，信义文化基金会，1995。又载郑伯壎、黄国隆、郭建志主编《海峡两岸之企业文化》，远流出版公司，1995（1995b）。

319. 郑伯壎：《不同家长权威价值与领导作风的关系：台湾民营企业的实证研究》。国科专题研究报告，报告编号 83 - 0301 - H - 002 - 056，1995 年（1995c）。

320. 郑伯壎：《家长权威与领导行为之关系探讨（二）》，国科专题研究报告，报告编号 85 - 2413 - H - 002 - 005，1996。

321. 郑伯壎：《威权领导与领导效能：初步探讨》，国科专题研究报告，报告编号 87 - 2413 - H - 002 - 001，1997。

322. 郑伯壎、谢佩鸳、周丽芳：《校长领导作风、上下关系品质及教师角色外行为：转型式与家长式领导的效果》，《本土心理学研究》（台北）2002 年第 17 期。

323. 郑伯壎、周丽芳、樊景立：《家长式领导：三元模式的建构与测量》,《本土心理学研究》2000 年第 12 期。

324. 郑伯壎、周丽芳、樊景立:《家长式领导与部属反应:华人组织有效领导模式的建立》,台湾大学华人本土心理学研究追求卓越计划结案报告,报告编号 89 - H - FA01 - 2 - 4 - 4,2001。

325. 郑伯壎、周丽芳、黄敏萍、樊景立、彭泗清:《家长式领导的三元模式:中国大陆企业组织的证据》,《本土心理学研究》2003 年第 20 期。

326. 周浩、龙立荣:《恩威并施,以德服人:家长式领导研究述评》,《心理科学进展》2005 年第 2 期。

327. 周浩、龙立荣:《家长式领导与组织公正感的关系》,《心理学报》2007 年第 5 期。

附　录

附录1　管理者调查问卷

➤ 注：为确保匿名性，此页无须提交，请撕下自行处理。

问卷填答者姓名：_____

问卷填写说明

尊敬的领导：

　　您好！我们目前正在进行一项有关企业人力资源管理的调查，恳请您百忙之中予以协助！

　　本问卷调查采用匿名方式。所有回收的问卷仅用于学术研究，单份问卷的信息都严格保密。请您根据您对这位下属（下属姓名：_____）的了解或自己的真实情况放心作答。您真实而完整的填写对我们的研究是最大的帮助。

　　恳请您务必完整填写。填写不完整的问卷将导致问卷数据难以处理，甚至整份问卷的信息作废。

　　整份问卷的回答大约占用您10分钟左右的时间。

非常感谢您的大力支持！

敬祝　平安快乐，工作顺利！

联系人：王晓春

手机：13724467766

E - mail：chriswxc@163.com

请将填写好的问卷装进发给您的信封并密封后再提交

管理者调查问卷

第一部分　有关您的直接下属的工作情况

（评价对象姓名请见"问卷填写说明"）

请您根据此下属在工作中的表现，圈出您认为 最合适选项的数字编号 （注：每题只能选一个答案） 该员工：	非常不符合	一点不符合	不符合	有点不符合	说不清	有点符合	符合	非常符合
能够对达成目标提出新的建议……………………	1	2	3	4	5	6	7	
能够想出新颖而实用的绩效改善方法……………	1	2	3	4	5	6	7	
能够提出有关技术、流程、工艺或者产品的新想法……	1	2	3	4	5	6	7	
能够提出改进质量的新建议………………………	1	2	3	4	5	6	7	
能够激发他人的创意……………………………	1	2	3	4	5	6	7	
不怕冒险………………………………………	1	2	3	4	5	6	7	
能够提出想法并争取他人的支持…………………	1	2	3	4	5	6	7	
有机会时，会在工作中展现出创造力……………	1	2	3	4	5	6	7	
能对新点子的实施提出适当的计划和日程………	1	2	3	4	5	6	7	
常想出新颖而又具创新性的点子…………………	1	2	3	4	5	6	7	
能对问题有创造性的解决办法……………………	1	2	3	4	5	6	7	

续表

请您根据此下属在工作中的表现，圈出您认为最合适选项的数字编号（注：每题只能选一个答案）该员工：	非常不符合	一点不符合	不符合	有点不符合	说不清	有点符合	符合	非常符合
常常有应对问题的新方法……………………………	1	2	3	4	5	6	7	
能对完成工作任务提出新的方法……………………	1	2	3	4	5	6	7	
他/她的工作成果是有创意的………………………	1	2	3	4	5	6	7	
他/她的工作成果是既有原创性而又实用的………	1	2	3	4	5	6	7	
他/她的工作成果显示他/她对现有信息与资源的善用……	1	2	3	4	5	6	7	
对影响本工作小组的事宜制订及提供建议…………	1	2	3	4	5	6	7	
会鼓励小组其他成员参与一些对小组有影响的事宜……	1	2	3	4	5	6	7	
会向其他组员谈论自己对工作的意见，即使其意见与别人不同并遭到组员的反对………………………	1	2	3	4	5	6	7	
会密切留意那些由自己提出的，可能会对小组有用的意见………………………	1	2	3	4	5	6	7	
会参与一些足以影响本小组工作生活质量的事宜………	1	2	3	4	5	6	7	
就小组正进行的新计划或改变提出自己的意见	1	2	3	4	5	6	7	

该员工已在您的手下工作了____年____月。

第二部分　个人基本信息

以下是关于您自己的情况。请圈出符合您自己实际情况的选项，必要时请添加文字说明。

1. 您的性别　（1）男　（2）女

2. 您的年龄：____岁

3. 您的学历：（1）初中及以下　（2）高中或中专　（3）大专

　　　　　　（4）本科　　　　（5）硕士　　　　（6）博士及以上

4. 您已在现公司工作了＿＿年＿＿月；您已在现公司现岗位工作了＿＿年＿＿月。

5. 您的岗位属于：（1）基层管理　（2）中层管理

　　　　　　　　　（3）高层管理　（4）其他（请注明）：＿＿。

问卷调查到此结束！

烦请您仔细检查以确保每道题都已作答，并且每题只选了一个答案。

谢谢您的合作！

祝您：工作顺利，生活愉快！

附录2　员工调查问卷

➤ 注：为确保匿名性，此页无须提交，请撕下自行处理。

问卷填答者姓名：＿＿＿＿＿＿

问卷填写说明

尊敬的朋友：

　　您好！我们目前正在进行一项有关企业人力资源管理的调查，恳请您百忙之中予以协助！

　　本问卷调查采取匿名方式，您公司内的任何其他人都不会看到您填写的结果。所收集的信息仅做整体性分析，单份问卷的信息都严格保密。请您根据实际的情况或自己的真实感受放心作答。其中，第三部分，请您评价您的领导（领导姓名：＿＿＿＿＿＿）。您真实而完整的填写对我们的研究是最大的帮助。

恳请您务必完整填写。填写不完整的问卷将导致问卷数据难以处理，甚至整份问卷的信息作废。

整份问卷的回答大约占用您 15 分钟左右的时间。

非常感谢您的大力支持！

敬祝　平安快乐，工作顺利！

联系人：王晓春

手机：13724467766

E－mail：chriswxc@yahoo.com

请将填写好的问卷装进发给您的信封并密封后再提交

员工调查问卷

第一部分　有关您的直接上级领导

（评价对象姓名请见"问卷填写说明"）

以下是有关您的直接上级领导的情况，请您根据自己的真实感受，圈出您认为最合适选项的数字编号 （注：每题只能选一个答案）	非常不同意	非常不同意	不同意	有点不同意	有点同意	同意	非常同意
他/她与我们相处时像一家人一样……………………	1	2	3	4	5	6	
他/她尽心尽力地照顾我……………………………	1	2	3	4	5	6	
他/她关怀我私人的生活与起居……………………	1	2	3	4	5	6	
他/她平常会对我嘘寒问暖…………………………	1	2	3	4	5	6	
有急难时，他/她会及时伸出援手…………………	1	2	3	4	5	6	
对相处较久的部属，他/她会给予无微不至的照顾………	1	2	3	4	5	6	
他/她会根据我个人的需要，来满足我的要求………	1	2	3	4	5	6	

以下是有关您的直接上级领导的情况，请您根据自己的真实感受，圈出您认为最合适选项的数字编号（注：每题只能选一个答案）	非常不同意	非常不同意	不同意	有点不同意	有点同意	同意	非常同意
当我碰到难题时，他/她会及时给我鼓励…………………	1	2	3	4	5	6	
他/她对我的照顾会扩及我的家人…………………	1	2	3	4	5	6	
当我工作表现不佳时，他/她会去了解真正的原因………	1	2	3	4	5	6	
他/她会帮我解决生活上的难题…………………	1	2	3	4	5	6	
得罪他/她时，他/她会公报私仇…………………	1	2	3	4	5	6	
他/她任人唯贤，不嫉才妒贤…………………	1	2	3	4	5	6	
他/她会利用职位搞特权…………………	1	2	3	4	5	6	
他/她不会把我或者别人的成果与功劳据为己有………	1	2	3	4	5	6	
工作出纰漏时，他/她会把责任推得一干二净…………	1	2	3	4	5	6	
他/她为人正派，不会假公济私…………………	1	2	3	4	5	6	
他/她不会占我的小便宜…………………	1	2	3	4	5	6	
他/她不会因个人的利益去拉关系、走后门……………	1	2	3	4	5	6	
他/她要求我完全服从他/她的领导…………………	1	2	3	4	5	6	
本单位大小事情都由他/她自己独力决定…………	1	2	3	4	5	6	
开会时，都照他/她的意思做最后的决定……………	1	2	3	4	5	6	
在我们面前，他/她表现出威严的样子……………	1	2	3	4	5	6	
与他/她一起工作时，他/她带给我很大的压力………	1	2	3	4	5	6	
他/她采用严格的管理方法…………………	1	2	3	4	5	6	
当任务无法达成时，他/她会斥责我们……………	1	2	3	4	5	6	
他/她强调我们的表现一定要超过其他/她单位………	1	2	3	4	5	6	
他/她遵照原则办事，触犯时，我们会受到严厉的处罚……	1	2	3	4	5	6	

第二部分　有关您的工作

答案无对错之分，请您根据自己对目前这份工作的真实感受，圈出您认为最合适选项的数字编号（注：每题只能选一个答案）	非常不同意	非常不同意	不同意	有点不同意	说不清	有点同意	同意	非常同意
我觉得自己擅长想出创新的点子……………………	1	2	3	4	5	6	7	
我对自己运用创意解决问题的能力有信心…………	1	2	3	4	5	6	7	
我很擅长从别人的点子中，发展出另一套自己的想法……	1	2	3	4	5	6	7	
对于想出解决问题的新方法，我很拿手……………	1	2	3	4	5	6	7	

第三部分　个人基本信息

请您根据自己的实际情况作答：圈出正确答案的数字编号，必要时，请添加文字说明。

1. 您的性别：（1）男　　（2）女

2. 您的年龄：＿＿＿岁

3. 您的学历：（1）初中及以下　（2）高中或中专　（3）大专

　　　　　　（4）本科　　　　（5）硕士　　　　（6）博士及以上

4. 您已在现单位工作了＿＿＿年＿＿＿月；你已在现单位的现岗位工作了＿＿＿年＿＿＿月。

5. 您已在您目前的上司手下工作了＿＿＿年。

问卷到此结束！

请您仔细检查以确保每道题都已作答并且每题只选了一个答案。

谢谢您的合作！祝您：工作顺利，生活愉快！

附录3　问卷调查注意事项

1. 问卷组成：问卷由员工问卷和管理者问卷组成。

2. 填答对象：中高层管理者及其直接下属。员工问卷由直接下属填写，管理者问卷由已填写员工问卷的员工的直接上级填写。

特别说明1：以下3~5项工作需要在发放问卷前做好。

3. 抽样：每个管理者的直接下属中抽样不多于6人参与调查。

4. 问卷编码：

a）目的：为了使回收的员工问卷与其相对应的管理者问卷一一对应，而又保持匿名性，需要对问卷进行编码。员工问卷和管理者问卷分别编码。

b）方法：

ⅰ. 员工问卷的编码与其相应直接上级评价该员工的管理者问卷编码相同。

ⅱ. 每份问卷的编码由两位数或三位数表示。如果直接上级人数在10人以下，则个位数代表直接上级，十位数代表员工，如果直接上级人数在10人或以上，则十位数和个位数代表直接上级，百位数代表下级。举例：15—代表第5号直接上级的1号下属；523—代表23号直接上级的第5号下属。

ⅲ. 编码书写位置：每份问卷的最后一页背面右上角。

5. 问卷封面填写：请将问卷填答者的姓名填写在封面指定的位置，此外，员工问卷需要在封面上指定的位置填写其直接上级的姓名，管理者问卷需要在封面上指定位置填写拟评价的下属姓名。

特别说明 2：发放问卷时，向填答者口头交代以下 6～7 项相关内容。

6. 问卷填写要求：

a）选择题，圈出合适答案的数字编号，如，某题答案选 2，则②。

ⅰ. 每题只能选一个答案。

ⅱ. 每题都要作答（多选或不选，都会导致问卷数据无法处理，以致作废）。

b）个人信息部分：请根据自己的实际情况填写。

7. 保密性：单份问卷的数据都严格保密，请填答者上交问卷前撕下封面，即有姓名页。

后　记

　　本书是在笔者博士论文基础上修改而成的。攻读博士学位是个漫长而又充满艰辛的历程。一路走来，得到大家的支持、帮助和鼓励。为此，特别感谢以各种方式帮助过我的导师、领导、学者、同学、同事以及家人。在此，向你们深深地鞠躬以表示我发自心底的诚挚谢意！

　　首先，特别感谢我敬重的恩师曾湘泉教授。记得导师曾经说"做学问是个很奢侈的行当"。我以为，导师要表达的是学术研究需要历练、意志、激情兼具，而且还要抵制住各种诱惑，才可能有所成就。后来的坎坷让我深深体会到个中之深层含义。导师总是以高标准、严要求来对待我们，同时又给我们足够的自由去探索。当我们在前行路上遇到阻碍，深感迷茫时，导师总能敏锐地察觉并给予指点；当我们遇到自身难以克服的困难时，导师总会想方设法利用各种资源帮我们解决；当学生对自己的能力感到怀疑时，导师的鼓励总能让我们看到希望。

　　导师用他丰硕的学术成就向我们展示了那份非同一般的执着和

对学生的拳拳之心。当我不止一次在周末接到导师从办公室打来的指导我论文的电话时，我的心中交织着内疚和感激的复杂情感。原来在导师的生活中，因为学生和学术，周末的概念似乎已经不在。我的论文凝聚着导师太多的心血。

在导师精心组建和操持的充满学术气氛而又不失温馨的大家庭里，我们互相促进、互相鼓励、共同向前。团队的良好氛围鼓励着我在论文完成前永不停息。一次次讨论，时常激起我思想的火花，真诚的意见催我思考。在此，谨向导师深深地鞠躬致谢！感谢同门的熊通成、李晓霞、杨玉梅、苏中兴、宋洪峰、牛玲、崔钰雪、胡绍英、时光寨、夏祖浩、李洪坚、王剑、卿石松等。

衷心感谢劳动人事学院的孙健敏教授、张丽华教授。两位老师在我论文设计出现巨大障碍时，提出具有高专业水准的宝贵意见。感谢李育辉博士，在论文实证研究方法上给予十分有价值的指导。感谢2006级博士班的班主任周石老师，陪伴我们走过不平坦的攻博之路。感谢博士班的班长穆桂斌。感谢石慧师妹在文献查阅方面的热情帮助。

感谢中国组织管理研究学会（IACMR）举行的2009年博士生开题报告研修班。感谢美国华盛顿大学的陈晓萍教授，给我参加IACMR博士生开题报告研修班的机会。我得以向来自世界各地的著名管理学学者近距离请教，也得以与来自港台和大陆各院校的博士生充分交流。特别感谢美国莱斯大学的周京教授。周教授在研修班的小组讨论中一针见血地指出了我论文研究设计中的关键问题，让我在后续的研究中少走了弯路，还为我学习规范研究方法提供了宝贵建议。

　　感谢香港中文大学的罗胜强（Professor Kenneth Law）教授、姜嬿博士。使我惊喜的是，我的一封冒昧的求助电邮，居然赢得为期一个学期的免费、高水准的实证研究方法的宝贵学习机会，有幸聆听 Kenny（罗胜强教授喜欢被这样称呼）的授课，使我对实证研究方法有了更为深刻的认识。Kenny 课后总是耐心地解答我的问题，消除了我这个编外学生的种种顾虑。Kenny 的"尽力促进国内管理实证行为科学的发展"的抱负，深深感染着我。与姜嬿课后的多次交流，也让我受益颇多。

　　感谢美国亚利桑那州立大学的徐淑英教授，美国南加州大学的 Paul Adler 教授，香港科技大学的樊景立教授，中欧国际工商管理学院的葛定坤教授、张晓燕博士、陈志钧博士，台湾大学的郑伯壎教授，台湾东华大学的陈钦洲博士。我曾多次发电子邮件，或索要文献，或请教问题，他们都像对待老朋友那样从不拒绝。

　　感谢帮助联系访谈对象、接受访谈以及帮助实施问卷调查的众多企业界朋友。

　　感谢我的家人。叩谢孕育和养育我的母亲张世英女士、父亲王延轩先生。从小，女儿对学业的追求，你们都毫不犹豫地全力支持。你们这份对知识力量的坚信，鼓舞着我走过多年的求学路。感谢我的公婆陈根强先生和田素君女士。在我漫长的求学岁月里，你们默默地帮忙操持家务。感谢弟弟常青、妹妹雪冰、弟媳杨萍、妹夫袁志，你们在我读博期间悉心照顾父亲，还积极担当问卷的被试。

　　感谢我的夫君陈军和我们的爱子逸璁。你俩的铁杆支持，使很多看似不可能的事在我们家成为现实。无论是 2002 年我"弃"你们远赴英国求学，还是在璁小学毕业前的关键一年我再次"弃"你们赴人大读博，你们都是我坚实的支柱。虽然也曾经为璁的一句"我算不算留守儿童"的话而心酸，但璁在妈妈离家期间的不凡表现依然让我欣慰。贪玩的璁还在论文数据输入时伸出援手，协助输入和校对数据。先生陈军对我向来宽容、体谅和倍加呵护，总是用言语和行动为我打气加油，在我松懈时给予适当鞭策，可又从来没让我产生逼迫感。

感谢东莞理工学院以及东莞理工学院城市学院的领导在报考和读博期间给予的大力支持和关怀。特别感谢安少华院长、张林副院长、程发良处长。

本书成稿之后，曾一度因出版经费问题而搁置出版。感谢东莞理工学院经济与管理学院的刘继云院长的关心和负责专著出版事务的刘春老师的大力协助。

感谢为此书付出巨大努力的社会科学文献出版社的高雁和颜林柯两位老师。没有高老师和颜老师的耐心和热忱帮助，此书难以面世。

要感谢的人实在太多，难以在此一一列出。感谢为我的博士论文提供过帮助的所有恩人。

王晓春

2018 年 3 月 26 日

图书在版编目（CIP）数据

家长式领导对员工建言与创造力影响研究 / 王晓春
著. -- 北京：社会科学文献出版社，2018.7
ISBN 978 - 7 - 5201 - 2745 - 5

Ⅰ.①家… Ⅱ.①王… Ⅲ.①企业管理－人事管理－
研究 Ⅳ.①F272.92

中国版本图书馆 CIP 数据核字（2018）第 097713 号

家长式领导对员工建言与创造力影响研究

著　　者 / 王晓春

出 版 人 / 谢寿光
项目统筹 / 高　雁
责任编辑 / 颜林柯

出　　版 / 社会科学文献出版社·经济与管理分社（010）59367226
　　　　　地址：北京市北三环中路甲 29 号院华龙大厦　邮编：100029
　　　　　网址：www.ssap.com.cn
发　　行 / 市场营销中心（010）59367081　59367018
印　　装 / 三河市尚艺印装有限公司

规　　格 / 开　本：787mm × 1092mm　1/16
　　　　　印　张：12.5　字　数：149 千字
版　　次 / 2018 年 7 月第 1 版　2018 年 7 月第 1 次印刷
书　　号 / ISBN 978 - 7 - 5201 - 2745 - 5
定　　价 / 75.00 元